笑いの正解

東京喜劇と伊東四朗

笹山敬輔

文藝春秋

笑いの正解　東京喜劇と伊東四朗

ブックデザイン　鶴丈二
カバーイラスト　眼鏡太郎

はじめに

伊東四朗はいつもそこにいた。舞台・映画・テレビの歴史を繙くと、あらゆるところで伊東四朗の名前を目にする。電線音頭のベンジャミン伊東を除けば、主役ではないからけっして目立たない。だが、確実にそこにいて、今もいるのである。

私が伊東さんの存在を認識したのはいつごろだろうか。一九七〇年代に間に合わなかった私は、はじめ俳優として知ったと思う。いつかは思い出せないが、いつの間にか知っていた。数多くのホームドラマで伊東さんはお父さん役を演じており、振り返ってみれば、伊東さんがいるだけで安心感が生まれた。安心して、主役に目を向けられたのである。私が伊東さんの凄さを理解できたのは、ずっと後のことだ。

一九九〇年代のバラエティ番組はトークやクイズが中心になっており、伊東さんがゲストで登場すると、なにげない一言が笑いを誘い、そのたたずまいが可笑しかった。若い世代とからむときの伊東さんは、同じ「笑い」の人でも、私が好きな「お笑い芸人」とどこか違っていた。あとから伊東さんは喜劇の人であり、とくに「東京喜劇」の衣鉢を継ぐ存在だと知った。

東京喜劇は今から約百年前の昭和のはじめ、榎本《えのもと》健一（エノケン）と古川ロッパの登場からはじまる。エロ・グロ・ナンセンスの時代にアメリカの喜劇映画の影響を受け、モダンでスピード感にあふれ、人情喜劇とは異なる乾いた笑いを展開した。ただし、当時はレビュー式喜劇や軽演劇と呼ばれ、あえて「東京」喜劇を名乗ることはなかったようだ。一九五四年にエノケンを会長、ロッパと柳家金語楼《きんごろう》を副会長にした東京喜劇人協会（のちの日本喜劇人協会）が発足し、翌年から「東京喜劇まつり」と銘打った公演が行われて、東京喜劇という言葉も流通していった。だが、東京喜劇は二十一世紀を待たずして、一度は舞台からもテレビからも姿を消した。

東京喜劇は野暮を嫌い、粋を重んじる。反対に、今のテレビやネットの世界はますます過剰であけっぴろげになっている。もちろん、伊東さんが語るように、笑いは時代を反映するものだから、今を否定する必要はない。一方で、今の笑いだけが唯一の笑いというわけでもない。東京喜劇には輝かしい過去だけでなく、未来の可能性があるかもしれないと思う。

初舞台から六十年を超えてなお、伊東さんは現役の喜劇人として舞台に立ち、ドラマやバラエティ番組に出続けている。芸人や喜劇人の多くが、ピークを過ぎると活動を縮小していくのに対して、伊東さんは年齢とともに存在感を増してきた稀有な人だ。幼少期から寄席や劇場に通って五代目古今亭志ん生《しんしょう》や十五代目市村羽左衛門《うざえもん》の芸に接し、長じてからはストリップ劇場で若き日の渥美清を目撃し、デビュー後はエノケンや森繁久彌から植木等や志村けんにいたるまで、数多くの喜劇人と共演してきた。伊東四朗の生涯はまさに東京喜劇の歴史そのものである。

笑いは歴史に残らないものだ。たとえ映像で残ったとしても、文脈が忘れられれば、それは無味乾燥な歴史資料でしかない。笑いは芸人や喜劇人の肉体によって継承され、観客の記憶のなかに残されるのみである。語り継がなければ忘れられる。今、現役の喜劇人として東京喜劇を語れるのは伊東さんしかいない。

私は旧著『昭和芸人 七人の最期』を書くにあたり、二〇一五年に「特別インタビュー最後の喜劇人、芸人の最期を語る」と題して伊東さんにインタビューする機会をえた。私にとって生まれてはじめてのインタビューは、人生で一番緊張した一時間になったが、伊東さんは優しく真摯に、晩年のエノケンとの共演や、舞台上の森繁久彌や三木のり平の思い出を語ってくださった。そのときは「芸人の最期」をテーマにしていたため、三谷幸喜の舞台や伊東四朗一座、映画や大河ドラマの話などについては伺えなかった。だが、その後も笑いの歴史を調べるにつれ、伊東さんの存在の大きさをますます実感していった。どうしても伊東さんにもう一度お会いし、東京喜劇について語ってもらいたい。できれば伊東さんの証言を一冊の本にまとめたいとの気持ちが抑えられなかった。

今回、文藝春秋で企画が通り、伊東さんに正式に依頼することができた。私は過去のインタビューを読み、伊東さんが笑いを「語る」ことを好まないと知っていた。だから、私は無粋なお願いをしているわけである。

最初の取材の場で企画の主旨を説明したとき、伊東さんは手を左右に振りながら、「私はそんなことを語れる人間じゃないんです」とおっしゃった。でも、伊東さんしかいないという気持ちは変わらなかった。

取材は二〇二三年三月から八月までに全五回、合計十時間弱にわたって行われた。伊東さんはときに歌やセリフをさらりと披露し、往年の喜劇人の声色を交ぜながら、質問に答えてくださった。今は亡き喜劇人たちが、伊東さんの肉体のなかにまだ生きているのである。ちょうど二〇二三年七月に舞台『その場しのぎの男たち』への出演があり、その前後のお気持ちも聞くことができた。

さらに、伊東さんの後半生において重要な仕事をともにしてきた佐藤B作さん、三宅裕司さん、三谷幸喜さんにも取材し、伊東さんの逸話を伺った。お三方の視点が加わったことで、喜劇役者伊東四朗の凄さを多面的に見ることができた。

本書は伊東さんの語りをベースにしながら、時代背景や歴史的文脈を補い、俯瞰的に再構成するよう努めた。個々の事実については雑誌や新聞など複数の資料で確認しており、もし記述に間違いがあれば私の責任である。

本書の目論見は、伊東さんの視点から体験的喜劇史を紡ぐことだった。だが、それにとどまらず、伊東さんの仕事への姿勢や人との向き合い方をも記せたのではないか。私自身、伊東さんと接して、自分の生き方を見つめ直していた。なぜ伊東さんは八十六歳になっても現役でいられるのか、なぜ伊東さんは多くの人から慕われるのか、その秘訣も感じ取ってもらえればと思う。

第一章

東京喜劇の現在

——喜劇はお客さんの反応が舞台をつくります

劇団東京ヴォードヴィルショー創立50周年記念公演
「その場しのぎの男たち」（2023年）より

八十六歳の舞台

千秋楽のその日、満員の劇場は万雷の拍手とスタンディングオベーションのなかでカーテンコールを迎えた。新宿の紀伊國屋サザンシアターTAKASHIMAYAは客席数が四六八ある。十日間の公演はすべて満席だった。恒例のアフタートークが終わり、幕が下りてからも拍手が鳴りやまない。出演者たちは再び舞台に上がり、観客も含めた全員での三本締めと、客席をバックにした記念撮影が行われた。

舞台上の伊東四朗は伊藤博文役の羽織袴を着て、小道具の杖を手にしている。前月の誕生日で八十六歳、初舞台からは六十五年。二時間の芝居では幕開き三十分後に登場し、それからはほぼ出ずっぱりだ。近年はコロナ禍により客席数が制限されていたため、伊東が満員の客席を目にするのは久しぶりだった。

十日後、伊東は心境を次のように語った。

「一番はホッとしてます。もしかしたら幕が開かないんじゃないかと思いましたから。全部できたってことにホッとしました」

二〇二三年七月二十一日から三十日まで、劇団東京ヴォードヴィルショー創立五十周年記念公演として『その場しのぎの男たち』が上演された。同作品は明治二十四年に来日中のロシア皇太子ニコライが巡査の津田三蔵に斬りつけられた「大津事件」を題材に、時の松方正義内閣が右往左往するさまを描く喜劇だ。三十年前、劇団を主宰する佐藤B作が三谷幸喜に頼んで書き下ろしてもらい、伊東が客演した。初演の一九九二年時点では、伊東が五十五歳、佐藤が四十三歳、三谷が三十一歳だった。

二〇二〇年にはじまった新型コロナウイルスの感染拡大は演劇界に大打撃をもたらした。伊東が二〇二一年に出演した舞台は、客席を定員の半分に減らし、観客がマスク着用の上で行われている。今回は初日の一週間前に伊東が喉の不調を訴え、PCR検査で陽性反応が出たため、途中から稽古に参加できなくなった。ギリギリの状況だったが、体調が回復して再度の検査で陰性反応を確認し、幕が開いた。初日に伊東が舞台に現れると、ひときわ大きな拍手が巻き起こった。

公演期間中に休演日はなく、土曜日は十四時過ぎに終演後、車で浜松町の文化放送まで移動し、十五時からラジオの生放送『伊東四朗 吉田照美 親父・熱愛《パッション》』に出演した。舞台があるからといって、レギュラーの仕事を休むことはしない。こうして伊東は全十ステージをまっとうした。

「ちょっと稽古が足りないところもあったので、不安なまま初日を迎えましたね。この芝居はこれで五回目なんですけど、初演のような気持ちで舞台に上がりました。

客席がきちっと埋まってくれて、それだけでもう感激しました。コロナ禍はそういう当たり前のことが当たり前じゃなかった時代で、あんな嫌なものはありません。舞台から客席が見えますから、あんな殺人事件が起きたようなテープを張られたんじゃあね。やりにくいったらないですよ。

喜劇はお客さんの反応が舞台をつくります。いつも正解を教えてくれるのはお客さん、喜劇役者を育ててくれるのもお客さんなんです」

『その場しのぎの男たち』は初演の二年後に再演し、さらに東京ヴォードヴィルショーの三十周年と四十周年の節目にも上演してきた。まさに劇団の「財産」である。佐藤は四十周年のチラシに次のように書いていた。「そしてまた10年後、創立50周年記念公演で、このお芝居を演っていたとしたら凄い事です。その時は、伊東四朗さんは86才、自分は74才です。おいおい、可能性は十分あるぜ…」。

たしかに、可能性はあったのである。佐藤は今回の再演が決まったときの気持ちを次のように語った。

佐藤「五十周年もまた『その場しのぎの男たち』でいきたくて、そのためには伊東さんに出ていただかないと成立しないなと思ってました。二年くらい前に直接お電話で〝ぜひやりたいので、出ていただけますか？〟って聞いたら、〝やる！〟とおっしゃってくださってね。あのときほどうれしかったことはないですよ。〝よし！　これで五十周年ができたぞ〟って気持ちになりましたね」
伊東は稽古に入る前、「プレッシャーを感じてます。頼む方も勇気があると思いますよ。

普通、八十六でやらないもんなあ」と心情を吐露していた。伊東が最も尊敬する喜劇人の森繁久彌は、八十三歳が最後の舞台である。八十六歳での喜劇の舞台は未知の領域だ。だが、佐藤によれば、稽古場での伊東はいつもと変わらぬ姿だった。

佐藤「うちの稽古場が三階なんで、階段の上がり降りがちょっときつそうだなとは感じました。でも、伊東さんが途中でトイレに行くとき、誰かが手を出そうとすると〝いや、いいから〟って。絶対に人の手を借りないんですね。お水なんかも〝自分で取るから〟って。〝余計なことはしなくていい。君たちはそのためにいるんじゃないだろう〟ということなんですよ。ぜんぜん偉そうにしない。本当に素敵な人ですから」

『その場しのぎの男たち』は場面転換のない、一幕ものの芝居である。大津事件が起きた翌日の夜、治療中のニコライが滞在するホテルの一室に、総理大臣松方正義（佐渡稔《さわたり》）、内務大臣西郷従道《つぐみち》（坂本あきら）、逓信大臣後藤象二郎（石井愃一《りんいち》）、外務大臣青木周蔵（まいど豊）、農商務大臣陸奥宗光（佐藤B作）が集まって対応策を協議している。松方内閣は世間から元老伊藤博文の傀儡政権と見られているが、自分たちで事態を収拾して汚名返上することを狙っていた。なかでも切れ者と評される陸奥は、過去に因縁のある伊藤を陥れようと策をめぐらす。そこへ伊藤が到着した。だが、松方内閣の打つ手はことごとく外れ、状況がどんどん混乱していく。最後は何とか危機を乗り切ったものの、伊藤の権力の座はいっさい揺らがず、陸奥が「まだまだこれからです、まだまだ」と呟いて幕が下りる。伊東は圧倒的な存在感で権力者の凄みを見せながら、ときにひょうひょうとした演技が笑いを誘う。重厚さと軽妙さを兼ね備えた伊東だからこそできる当たり役だ。

佐藤「伊東さんは本の読み方も深いんだよなあ。やはり喜劇という頭があるんでしょうね。どうやったらもっと面白くなるか、笑いをとるだけじゃなくて、芝居全体として面白くなることを発想なさる。

今回、最後の場面で伊東さんがアドリブをおっしゃったんですよ。総理に向かって〝それで、君、誰だっけ？〟。あれはセリフじゃないんです。もうおまえなんか知らないよって総理を突き放して、それで伊藤博文の怖さを出してる。今回初めてのアドリブです。あれを稽古場で見たとき、〝おお、すっげえ〟と思いました。

そのとき、〝こういうやり方、渥美さんに似てるなあ〟って感じたんですよね。昔、寅さん（『男はつらいよ』）に出していただいたとき、渥美清さんがそういうアドリブをなさってました。ただ笑いをとるだけじゃなくて、話の全体をより深くより面白くするようなアドリブです」

今回の演出は文学座の鵜山仁《うやまひとし》が担当した。三谷は稽古場には行かず、一日だけ劇場で公演を見ている。つねに新作を書き続けてきた三谷にとって、『その場しのぎの男たち』は例外的に再演の多い作品だ。だが、最初に五十周年記念公演として再演すると聞いたとき、三谷は「ちょっと無謀じゃないかな」と思ったと語る。

三谷「伊東さんもさすがにお歳だし、何かあったら大変ですから。僕のなかでの伊東さんは本当に頭脳明晰で、セリフ覚えも早くて、完璧な舞台俳優という印象があります。もし舞台上で何かハプニングやアクシデントがあったら、伊東ファンとしては辛いなと。なおかつ、あれは伊藤博文と松方内閣が四十代から五十代くらいの話だから、七十代、八十代の俳優さんがやるのはどうだろうという気持ちもありました。僕は反対する立場にないので、B作さんには何も言わなかったけど、内心は〝やめた方がいいのにな〟という思いがあったんですよ。

でも、ふたを開けてみると、たしかに僕が想像していたキャラクターより年齢は二十歳くらい上なんだけど、その分、俳優さんとして円熟味が増してましたね。伊東さんも昔よりはテンポがちょっとゆっくりになられていましたけど、やっぱり〝伊東四朗ここにあり〟というお芝居をされていました。だから結果的に、僕は今回の『その場しのぎの男たち』が一番面白かったですね」

佐藤はこれで『その場しのぎの男たち』を最後にするつもりだ。それは今回のキャスティングがベストであり、これ以上は肉体的にも難しいだろうとの思いからである。

佐藤「千秋楽が終わった後の打ち上げで、伊東さんが珍しく日本酒を飲んでましたね。いつもは焼酎の水割りなんですけど、〝本当は日本酒が一番好きなんだよ〟って。よっぽど終わったのがうれしかったんじゃないですか（笑）。

伊東さんから〝この芝居はこれでもう終わりなんだね〟と言われて、〝はい、終わりです〟と答えました。〝いやあ、そうか〟って、ちょっと寂しいみたいなことをおっしゃってましたね」


『その場しのぎの男たち』は伊東にとっても転機となった作品だ。本作への出演は伊東に二つの出会いをもたらした。三谷幸喜と東京ヴォードヴィルショーである。

汗をかかない男

目の前の芝居に何も考えずただただ笑う。幕が下り、劇場を出て帰路につく。「ああ、面白かった」。幸せな気持ちのまま駅に着いた。「あれ、さっきの芝居はどんな話だったかな?」。

これが伊東の理想とする喜劇である。そして、その理想を三谷とも共有していた。

「笑いについて考えてることが同じですね。私は思想もメッセージもない芝居が好きなんです。喜劇には感動も涙もいらないと思います。〝面白かったね〟と言ってもらえれば、それでじゅうぶん。劇場を出たら忘れちゃうような、あとに残らない喜劇がいい。同じ感覚をもつ三谷さんと出会えたことは、私にとってとても大きかったですね」

喜劇には風刺喜劇や不条理喜劇などがあるが、二人が目指すのは誰もが笑える大衆的な喜劇だ。そのルーツをたどると、伊東が浅草の軽演劇やストリップ劇場のコントに行き着くのに対して、三谷のバックボーンにはアメリカの喜劇映画やテレビドラマがある。

三谷は伊東と同じ丑年で二回りちがう。一九六一年、東京の田園調布生まれ、一人っ子である。幼いころからおもちゃのフィギュアを使って映画やテレビドラマの再現をして遊ぶ子どもだった。当時は各テレビ局が「洋画劇場」などで映画の吹き替え版を盛んに放送し、また、海外テレビドラマの枠も多かった時代だ。三谷はとくにビリー・ワイルダーの監督作品や、シットコム（シチュエーション・コメディ）形式のテレビドラマが大好きだった。

日本大学藝術学部演劇学科に進学後は、在学中から放送作家の仕事をしながら、一九八三年に東京サンシャインボーイズを旗揚げした。劇団名はアメリカの劇作家ニール・サイモンの戯曲『サンシャイン・ボーイズ』に由来している。同世代の劇団はつかこうへいや野田秀樹から影響を受けていたが、三谷はウエルメイドでお洒落なコメディを目指した。日本の小劇場演劇が物語の解体や肉体の復権を志向するなかで、その歴史と切り離れた東京サンシャインボーイズは特異な存在だった。

だが、旗揚げ後しばらくは観客動員数が思うように伸びず、むしろ放送作家として忙しく仕事をしていた。『欽ドン！良い子悪い子普通の子』や『お笑いマンガ道場』などのバラエティ番組に参加したほか、一九八五年にはアニメ『サザエさん』の脚本を四本書いている。
一九八六年、三谷はテレビ朝日で放送された『みんな気まぐれ日曜日』で初めて伊東のセリフを書いた。もともとこの番組はトークとコメディで構成された『やすきよ笑って日曜日』で、横山やすしと西川きよしが主演を務めていたが、西川が参議院選挙に出馬するため、代わりに伊東が引き継いでリニューアルされた。

三谷「横山家と伊東家の二つのセットでそれぞれのドラマがあって、途中でやすしさんと伊東さんが小料理屋で会うという設定でした。何人もの作家が分担して書くなかで、僕は伊東家の話を書かせてもらったんです。
　僕は作家の下の方の人間でしたから、伊東さんとお会いはしてないんですが、印象に残ってるのは伊東さんがプラモデル好きのお父さんという話。伊東さんが戦車のプラモデルを買ってきて、奥さんに〝なんでこんなものまた買ってくるの！　いくらしたのよ〟って怒られる。本当は四千円なのに伊東さんが〝三千円しかしなかったんだ〟って千円ごまかすやりとりがあって、そのシーンだけ覚えてます。伊東さんが僕の書いたセリフを言ってくださったのが、すごくうれしかったですね」

一九八九年、三谷はフジテレビのコメディドラマ『やっぱり猫が好き』の脚本を途中から担当し、テレビドラマの脚本家として飛躍していく。また、同時期に東京サンシャインボーイズも軌道に乗りはじめ、人気劇団になっていった。

東京サンシャインボーイズで上演した三谷の出世作の一つが『12人の優しい日本人』である。もし日本に陪審員制度があったらという架空の設定で描かれる密室劇で、一九九〇年に初演され、翌年には映画化もされた。同作はシドニー・ルメット監督の映画で有名な『十二人の怒れる男』へのオマージュであり、三谷はこの映画の大ファンで、なかでもE・G・マーシャル演じる陪審員四号がお気に入りだった。また、一九八三年五月と一九八五年七月には舞台版が石坂浩二の演出・主演によってパルコ・スペース・パート3で上演され、三谷はそちらも見ている。そのとき陪審員四号を演じたのが伊東だった。

『十二人の怒れる男』の舞台は裁判所の陪審員室、十二人の陪審員が父親殺しの容疑がかかった少年の審議を行う。石坂の演出では劇場の中央にテーブルと十二の椅子を置き、四方を取り囲むように客席を設置した。最初に十一人が有罪に投票するなか、石坂演じる陪審員八号だけが無罪を主張した。評決は全員一致でなければならない。八号はひとつひとつ有罪の証拠を覆していく。白熱した議論が繰り広げられるなか、陪審員四号は冷静沈着で論理的に有罪を主張する。

三谷「僕はあの映画が大好きだったんだけど、石坂さんプロデュースの作品を見たときに、舞台で見るべきものなんだって気づいたんですね。キャストが面白くて、小松方正さんと出光元さんは声も大きいし、パワフルな演技をされてる半面、伊東さんのクールな役が際立ってました。伊東さんは声も落として、なるべくナチュラルに演じようとされてましたね。

　夏の暑い日の話で、客席も本当に暑かった。実際に空調をつけてなかったんです。後半に雨が降ってきて、窓を開けたときに空調を入れて客席にもスーッと涼しい風が入ってくる。みんな汗だくでやってるなか、伊東さんはスーツで上着も着てるんだけど、いっさい汗をかいてなかった。その温度の低い感じがすごく印象に残ってます。僕は初演と再演で四回ぐらい見に行ったんですけど、ずっと伊東さんを見てましたね」


伊東は汗をかく熱演を嫌う。汗は終わってからかくものというのが持論だ。だが、このときはそれ以前に、体の生理を抑えて演技をしなければならなかった。

「石坂さんは役者に汗をかいてもらいたいって、開演前にみんなに熱いお茶を飲ませてましたよ。私だけが飲まなくて、〝伊東さんは絶対汗をかかないでください〟と言われました。ですから前日から水分を摂らないようにして、汗をかかないようにしたんですよ。暑い時季に冷房を入れないで芝居して大丈夫かなって、私はちょっと反対だったんですけど、お客さんが納得したみたいなので、よかったんじゃないかと思います」

　同時代の新劇や小劇場演劇に馴染めなかった三谷が、「これは面白い」と思った数少ない芝居だった。三谷はいつか同じ劇場で『12人の優しい日本人』を上演したいと思っていた。そして、一九九二年に実現する。そのとき、同じく舞台を四方から取り囲んだ客席に伊東の姿があった。

東京ヴォードヴィルショー

「最後まで暗転なしでいってくれ」――佐藤B作は祈るような気持ちで舞台を見ていた。

三谷が二十代の最後に書いた舞台作品『ショウ・マスト・ゴー・オン』は、勢いに乗る東京サンシャインボーイズによって一九九一年六月に本多劇場で初演された。タイトルは、ショウの幕が上がったら何があっても途中で下ろしてはならないという意味だ。シェイクスピア劇の舞台裏を描くバックステージもので、スタッフが次々と巻き起こるトラブルを乗り越え、公演を最後まで続けていく。オンタイムで進む疾走感のある芝居を見ながら、佐藤は途中で暗転がないことに気づき、最後まで暗転なしで終わったときには興奮したという。

佐藤「東京ヴォードヴィルショーは文芸部をつくった時期もあったんですけど、みんなテレビで忙しくなって脚本を頼めなくなりました。そしたら、いろんな人から〝最近、三谷幸喜っていう作家が面白いよ〟と言われて。ちょうど『ショウ・マスト・ゴー・オン』をやってたんで見に行ったら、ビックリしましたね。〝すげえ作家が出てきたな〟と。芝居が終わってすぐに楽屋を訪ねて、三谷君に〝うちに書いてください〟ってお願いしました」

三谷が自らの劇団以外に書き下ろしたのは、東京ヴォードヴィルショーが初めてだった。三谷のその後の活躍を見れば、佐藤には先見の明があったのである。佐藤は誰もが楽しめる喜劇をつくるために、座長としてつねに新しい作家を探してきた。三谷との出会いはまさに僥倖だった。

佐藤もまた丑年の一九四九年、福島に生まれた。本名は俊夫である。上京して早稲田大学に入学したが、演劇の道を志して中退する。ゴーリキーの『どん底』がやりたくて、新劇俳優の薄田研二が主宰するスキダ演技研究所に入所し、一年間学んだ後、自由劇場に入団した。自由劇場は一九六六年、俳優座養成所出身の佐藤信《まこと》や串田和美《かずよし》、吉田日出子《ひでこ》らが結成した、いわゆるアングラ演劇の劇団だ。ここには数多くの才能が集まり、のちにイッセー尾形や柄本明、高田純次らを輩出している。なお、「B作」は自由劇場時代のあだ名で、ときの総理大臣佐藤栄作にちなむ。

演劇人としてのキャリアを新劇やアングラからスタートした佐藤が、なぜ喜劇へ向かったのか。その萌芽は故郷の福島で行われた旅公演にある。当時、自由劇場は他の劇団とともに「演劇センター68／71」を組織し、移動式の黒テントによる全国公演を行っていた。

佐藤「僕はスタッフだから出てないんだけど、福島でもやるから〝チケット売れ〟と言われて、いっぱい売ったんですよ。近所のおじちゃんやおばちゃんがみんな見に来てくれました。でも、それがスライドに〝明日は革命の日だ〟とか難しい言葉がバンバン映し出されるような芝居。なんか申し訳ないことをした気がして、すごい傷ついたんですよ。〝おじちゃんやおばちゃんにはつまんない芝居だったかな〟って。

そのとき、みんなが楽しめる芝居をつくりたいと思ったんです。難しいテーマはいらなくて、笑えて泣けて、〝今日は楽しいお芝居を見たね。明日から元気に仕事しようね〟っていう芝居。娯楽でいいと思ったんですね。その思いが東京ヴォードヴィルショーにつながってます」

佐藤は自由劇場を離れ、一九七三年四月、仲間とともに劇団東京ヴォードヴィルショーを旗揚げした。第一回公演のチラシには「渋谷に軽演劇のメッカを！」とうたい、次のように記している。「浅草の笑いの灯が消えて、もう何年……。この衰退しきった東京の喜劇をなんとかしたいと若いコメディアン達が集まり、この企画を設けました」。

当初は役者のアドリブをもとにした芝居づくりをしていたが、次第に作家の台本を演じるスタイルに変わっていった。そして、三谷と出会う。

三谷が書き下ろした一作目が滝大作の小説を原作にした『にくいあんちくしょう』、二作目がオリジナルの『その場しのぎの男たち』である。三谷は『その場しのぎの男たち』を書くにあたり、伊藤博文役に伊東をリクエストした。この物語は頼りない松方内閣と政治家として格上の伊藤との対決を描いており、その構図を成立させるためには、伊東四朗の存在感が必要だった。

だが、その時点での伊東は、東京ヴォードヴィルショーの舞台を見ておらず、佐藤とも面識がない。また、『みんな気まぐれ日曜日』の作家だった三谷のことも覚えていなかった。唯一、バラエティ番組で劇団員の佐渡稔と石井愃一と共演したことがあるだけだ。そのせいか、出演交渉は奇妙なかたちで行われた。

「石井ちゃんとドラマで一緒になったとき、〝伊東さん、今度うちの劇団に出てくれませんか？　明治の大津事件を扱った芝居をやるんですよ〟と言われました。〝どんな役なの？〟〝伊藤博文です。でも、ダメですよね。伊東さん忙しいから。いいです、いいです、出られなかったら佐藤B作がその役をやりますから〟って、それどういう頼み方なの（笑）。それが出演交渉だったんですよ。

そのとき初めて三谷幸喜という名前を聞きました。そしたら、〝今、渋谷で舞台をやってますから、よろしかったら見てください〟と言うから、見に行ったんです」

そのとき、渋谷のパルコ・スペース・パート3では『12人の優しい日本人』の再々演が行われていた。客席に座ると、伊東が七年前に出演した『十二人の怒れる男』と同じ形の舞台が見える。一方、三谷からは客席に座る伊東の姿がよく見えたため、そっと観察していたという。上演中の伊東はいっさい笑わず、じっと舞台を凝視していた。

「見事なパロディでしたね。こんなものを書ける男がいるのかと驚きました。パロディって難しいですからね。しかもあんなに若くて。だったらやってみようかってことで、すぐに出演を承諾しました。今日のようにあんなに売れるとは思わなかったですけど。

あとで三谷さんから〝一回も笑ってませんでしたね〟と言われたんですが、どうしても一般のお客さんと同じ見方ができないんですよ。〝なるほど、あそこはああやるのか〟とか、そんなことばっかり考えてるから、なかなか笑ってる暇がないんです。本当は一般のお客さんと同じように笑いたいんですがね」

一九九二年十月、『その場しのぎの男たち』が紀伊國屋ホールで初演された。佐藤と三谷はそのときの伊東の印象を次のように語る。

佐藤「怖い方でしたね。伊藤博文が怖い役なんで、そうされてたんでしょうけど、稽古場にいらっしゃるときから簡単に声をかけられない雰囲気でした。それで、すごく真面目な方。セリフは必ず入ってるし、三十分前には稽古場にいらっしゃいますから。以前はご自分で車を運転して稽古場に来てたんですけど、十二時に稽古開始なら十一時くらいに着いて車の中で待ってる。周りに迷惑をかけたくないという気持ちが大きいんでしょうね。

演技は本当に的確です。やりすぎない。やらなすぎない。もう神業ですよ。笑いに対しても俳優業に対してもストイックですね。〝どうだ〟なんて顔をいっさいなさらないですから」

三谷「僕は『十二人の怒れる男』の伊東さんをイメージして伊藤博文を書いたんですよ。ヴォードヴィルの人たちがB作さんを含めて熱演型だから、その熱量に対して真逆のアプローチでひょうひょうとした役です。でも、それをはるかに上回るひょうひょうとした感じで、伊東さんが出てきた瞬間に空気が変わりました。それはビックリしましたね。けっして声を張らないいんだけども要所要所で押さえていく、その緩急もすごく勉強になりました」

千秋楽を終え、伊東は「この芝居に出てよかった」と心から思った。三谷の喜劇は、伊東がそれまでやってきた東京喜劇とも異なるという。新しい出会いは、伊東の喜劇人としての後半生を決定づけることになる。

「三谷さんは良い意味で理屈っぽくて、それがまた面白いんですよ。ねちーっとしたところがあって、あっさりしてない。ちゃんと伏線を張って、セリフにしても小道具にしても、一見無駄に見えて後から効いてくる。オーバーな芝居をしなくても、普通にセリフを言って笑いが来ますからね。私が一番好きな喜劇のつくり方です。

それまでは小劇場にあまり出てなかったんですよ。若いころはすべて小劇場なんですけど、直近では東京宝塚劇場に出ることが多かったもんですからね。五十五歳になって、〝そろそろ舞台の仕事も終わりかな〟なんて思ってるときに、この作品に声をかけてもらいました」

喜劇ができる場を求めていた伊東は、小劇場や中劇場の舞台にその場を見つけた。五十五歳からの伊東は、ほぼ毎年のように舞台に出演するようになる。伊東の喜劇人人生は「まだまだこれから」である。

八ページだけの台本

自ら「遅筆堂」を名乗った井上ひさしは、遅筆伝説に事欠かない。上演直前に公演を中止した際には、後始末のために多額の費用を自己負担したこともある。その後も、初日の延期を何度も引き起こした。遅筆作家としてその井上と並び称されるのが三谷である。だが、三谷は「井上さんの作品は百年後も残るもの。井上さんだったら初日を遅らせることも許されるけど、僕ごときが許されない」と語る。

三谷が初日を延期させたのは一度だけだ。一九九六年十月五日からパルコ劇場で上演予定だった『巌流島《がんりゅうじま》』は、本の遅れのために俳優が降板し、初日が大幅に遅れた。三谷はこのとき、「もし同じことを繰り返したら、筆を折る」と宣言した。

だが、その危機がすぐに訪れる。この時期の三谷はあきらかに過密スケジュールで、『巌流島』と同月の二十五日から西村雅彦と近藤芳正《よしまさ》の二人芝居『笑の大学』、翌十一月二十七日から東京ヴォードヴィルショー『アパッチ砦《とりで》の攻防』の幕が開く。

三谷が東京ヴォードヴィルショーに書き下ろすのは三作目、再び客演に伊東を招いた。だが、本がいっこうにできてこない。『アパッチ砦の攻防』のパンフレットには演出家と俳優による座談会が載っているが、初日の二週間前の時点で、誰もストーリーを分かっていないという異常事態だ。

「読み合わせを兼ねた顔合わせのとき、みんなに配られた台本が八ページでした。それも稽古の途中で〝全部なしにしてください〟って引っ込めちゃった。それでB作さんが〝初日を遅らせましょう〟と言い出したんですけど、〝初日の前日までに台本が来たらやろうよ。徹夜で稽古すればいいんだから〟ってなかば強引に反対しました。私の若いころはそんなことばっかりやってましたからね。昔は十日替わりの芝居で、前日に徹夜で稽古して初日を開けてたんで、できないことはない」

最終判断は、佐藤が座長として下さなければならない。佐藤は井上の芝居に出演したこともあり、「遅い作家ほどいい喜劇をお書きになるんで、どっちを選ぶかだ」と笑う。

佐藤「初日の四、五日前に原稿が何十枚も届きました。伊東さんに相談したら〝遅らせなくていい〟とおっしゃるんで、〝どうするんですか？〟と聞いたら〝覚えればいい〟って。〝たしかにおっしゃる通りです〟（笑）。

記憶力がすごくいいんですよ。僕は劇団員にセリフ覚えで負けたことはないんですけど、伊東さんには負けますね。セリフも入ってて、役づくりもきちんとして稽古にお立ちになる。それでいて相手役に無理難題をいっさい言わない。自分の芝居で挑戦するみたいなやり方ですね。相手役に〝こうやってくれよ〟って言われる俳優さんがよくいますけど、伊東さんからそんなことは聞いたことがない。相手がどう出ようが、どうとでも応えますよって」

伊東は若いころの経験にくわえて、年を重ねてからも記憶力を維持するための努力を怠らない。円周率、百人一首、アメリカ合衆国五十州、アフリカ五十四ヶ国などを覚え、つねに脳を活性化している。

『アパッチ砦の攻防』は無事に初日を迎えた。今回も一幕もののコメディで、とある日曜日の高級マンション「フォートネス・アパッチ」三〇一号が舞台である。約二時間の芝居の終幕間近、壊れたテレビが直って『笑点』のテーマソングが流れ出す。伊東のアイデアで観客に見えるように時計を掛け、時計の針を三時三十五分に合わせて幕を開けた。

「その方がオンタイムで進んでいることがよく分かりますからね。ちょうど五時半に『笑点』の音楽が流れるようにもっていかなきゃいけない。時計の針に合わせて芝居するのは難しかったですけど、ちょっと楽しかったですね。あのときはそれがよかったような気がします。

芝居は長くやってると、どこかでダレるときが来るんです。そうなると余計なことを言ったりするんですよ。芝居は長くなっちゃダメで、喜劇に限るかもしれませんけど、どっちかっていうと短くなる方がいい」

『アパッチ砦の攻防』は何度も再演を繰り返し、これまた東京ヴォードヴィルショーの財産になった。一方、筆を折ることも覚悟していた三谷は、結果的に伊東に救われた。

三谷「僕はB作さんたちがどんな決断を下すかを待ってるしかなくて、遅れるんだったら遅らせて、その代わり僕はもう劇作家としての仕事をしないつもりでいました。そしたら、伊東さんがやろうと言ってくださったと聞きました。

その後で伊東さんに〝あのときもし遅らせる決断になってたら、僕は筆を折ってました〟って話をしたら、〝そうなんだ。でも、折ったとしても、またテープでつなぎ合わせてやんなさいよ〟とおっしゃった（笑）。僕なりにちょっと構えてたんですけど、それでスッと力が抜けましたね」

喜劇作家の卒業制作

三谷の自著『仕事、三谷幸喜の』の全作品解説によれば、初めての作品は小学四年生のクリスマス会で披露された『雪男現わる』だという。台本は残っていないが、一幕もののコメディだった。三谷のコメディへのこだわりは徹底している。一九八三年に東京サンシャインボーイズを立ち上げ、一九九四年に活動休止して以降は主にプロデュース公演でコメディを追求してきた。その三谷が一種の「卒業制作」として取り組んだのが、二〇〇一年十月にパルコ劇場で上演された『バッド・ニュース☆グッド・タイミング』である。

三谷「あのころはすれ違いだとか、嘘がどんどん連鎖していく芝居を何本もつくっていて、それぱっかりやってても進歩がないなと思ってました。コメディにはもっといろんなパターンがあるだろうから、とりあえずすれ違い系の物語は一回終わりにして、先へ進まなきゃいけないのかなって。それで、今までやってきたことを全部詰め込んで、卒業制作のようにしてつくったのが『バッド・ニュース☆グッド・タイミング』なんです」

三谷コメディの集大成をつくるにあたって、三谷はキャスティング段階から伊東と相談しながら進めた。二人が組むからには当然、思想もなければ感動もなし、目指すは面白かったという後味だけが残る喜劇だ。

舞台は新郎（生瀬《なませ》勝久）と新婦（沢口靖子）が結婚式を挙げる当日のホテルラウンジ、式がはじまるまでの二時間を描く。二人の父親はかつて一世を風靡した漫才コンビの岩田エントツ（伊東四朗）、倉田とんかつ（角野《かどの》卓造）だった。「エントツ・とんかつ」は十年前にケンカ別れし、今は絶縁状態にある。新郎新婦はそれぞれの父に結婚の話をできずにいたが、新婦が「やっぱり祝福してもらいたい」と、何も言わずに二人をホテルに呼び出していた。犬猿の仲のエントツとんかつはついに鉢合わせし、結婚式をコンビ復活のためのパーティだと思い込んでしまう。すれ違いや勘違いが次々と起こり、笑いがどんどん増幅されていく。

この物語の下地には、ニール・サイモンの『サンシャイン・ボーイズ』がある。この作品は老いた二人のコメディアンの物語である。喜劇の黄金時代が生んだ名コンビ「サンシャイン・ボーイズ」は、十一年前にケンカ別れしていたが、突然にテレビの大仕事が舞い込んだ。

条件はコンビを復活し、往年のコントを披露することだった。久しぶりに再会した二人は、掛け合いをすれば息が合うのに意地を張って対立してしまう。

三谷「僕はもともと『サンシャイン・ボーイズ』が大好きで、これを伊東さんと小松政夫さんでやれたらいいなと思ってました。伊東さんにもその話をしたんですけど、伊東さんの意見は僕と同じで、あの芝居の問題は後半のコントなんです。当時のアメリカの観客が見たら面白かったのかもしれないけど、今の僕らから見ると、そのコントが面白くなくて、あれがあるからできない。だから、劇中劇のコントを抜群に面白くして、僕なりの『サンシャイン・ボーイズ』をつくりたいと思って、あの物語を発想しました」

『バッド・ニュース☆グッド・タイミング』は三谷が演出も担当した。たまたまNHKのドキュメンタリー番組が三谷の密着取材を行っており、稽古場の風景がカメラに収められている。顔合わせの日に配った台本は全体の三分の一、ホワイトボードに登場人物の相関図を書いてストーリーを説明した。三谷が「この作品は伊東さんと稽古場でつくった」と語るように、伊東が台本に書かれていないセリフをアドリブで埋め、それが決定稿になっていった。

「三谷さんは別に書けないわけじゃないんですよ。書いてるうちに欲が出てくるんでしょう。稽古場でもどんどん変えますからね。稽古の途中で〝ちょっと休憩〟と言って、そのころは古いワープロで一、二枚書いて、また戻ってくる。だから、私は台本がなくても安心してましたよ。

『バッド・ニュース☆グッド・タイミング』では、三谷さんが途中で暗転して二人の漫才を回想シーンでやりたいって言い出したんですけど、私が強硬に反対しました。暗転があると、そこでホッと一息ついちゃうんですよ。この芝居は全部オンタイムで進めて、お客さんが休まずに気持ちを切らさない方がいいから。なんとしても休まずに最後まで一気にいくような芝居にしてほしいって押し通しました」

三谷がやりたかった劇中劇は最終的に、伊東と角野がラウンジでコントの稽古をする場面になった。コントのタイトルは「お嬢さんをください」。二人が稽古をしていると、コントと知らずに結婚コーディネーター（伊藤正之）が割り込んでくる。状況がのみ込めないコーディネーターに対して、伊東が間髪を入れずにツッコんでいく。

三谷「伊東さんのツッコミが抜群で、僕はそれがやりたかったから余計に思い入れがあるんですけど、あのシーンは今までやってきた舞台のなかでベスト3に入るぐらい好きです。僕は普段、自分の芝居を見て笑うことはないんだけど、本当におかしくて本番で笑ってました。毎日、そのシーンを見るために劇場に通いましたね。前のパルコ劇場には下手《しもて》に照明ブースがあって、そこからそのシーンだけ見て家に帰る。それくらい楽しかった」

それまでのコメディに一つの区切りをつけた三谷はその後、戸田恵子の一人芝居や

ＰＡＲＣＯ歌舞伎、実在の人物を題材にした作品など、新たなスタイルに挑戦していく。喜劇作家としての三谷の世界は、着実に広がっていった。

お客さんに教えてもらう

三谷は二〇一一年のインタビューで「伊東さん主演の喜劇映画を撮って、伊東さんの素晴らしさをフィルムで残したい」と語っていた（『キネマ旬報』二〇一一年十一月上旬号）。

残念ながら、その企画は実現しなかったが、伊東は三谷の映像作品にとっても欠かせない存在だ。伊東が出演したテレビドラマは『竜馬におまかせ！』（一九九六年）の千葉貞吉、『ＨＲ』（二〇〇二〜二〇〇三年）の校長先生、『新選組！』（二〇〇四年）の八木源之丞、『わが家の歴史』（二〇一〇年）の古川ロッパである。なかでも『ＨＲ』は、伊東がてんぷくトリオ時代からやってきたような、スタジオに客入れした公開形式のコメディだった。稽古は毎回一日だけで、翌日には本番を迎える。伊東は満を持して最終回に登場した。稽古日の朝に台本を渡されたが、三時間後の本読みにはセリフがほとんど頭に入っていたという。本番も大いに盛り上がり、伊東の喜劇役者としての本領が発揮された。

映画では三谷が監督した『ＴＨＥ有頂天ホテル』（二〇〇六年）に出演し、白塗りのままホテルで迷子になる総支配人を演じた。白塗りは時間経過とともにだんだん崩れていくのだが、伊東は自らメイクを工夫して自然に溶けていったように見せた。

三谷「伊東さんが僕の作品に出るときは、自然体ということを意識されてると思います。僕のなかで伊東さんのイメージは二つあって、ベンジャミン伊東の狂ってる感じと、『十二人の怒れる男』のときのクールで抑えた感じ。三宅裕司さんの舞台に出てるときは爆発した伊東さんなので、僕は一歩引いたお芝居をしてる伊東さんが見たい。だから、伊藤博文にしても『アパッチ砦の攻防』にしても、B作さんが暴れまくって振り回される役なんです」

数々の三谷作品に参加してきた伊東だが、テレビドラマの代表作『古畑任三郎』には意外にも出演していない。『古畑任三郎』は三谷と縁の深い俳優が犯人役として多数出演しているが、三谷は伊東を犯人役として考えたことはないと語る。

三谷「『古畑任三郎』の犯人役は、草刈正雄さんや陣内孝則さんのように、どこか非日常的な素質のある俳優さんがいいんですよ。なんかリアルじゃない感じ。田村正和さんがアンリアルな俳優さんですからね。そう思ったとき、伊東さんのリアルさがあの世界観に合わない気がして、西田敏行さんもそうなんですが、伊東さんに犯人役をお願いしたいと思ったことはないですね」

三谷作品における伊東は自然体で演じながら、台本に書かれた笑いを確実にとっていく。それでいて、ときに発せられる不意の一言が可笑しい。三谷は久しぶりに役者として舞台に立ったとき、伊東の凄さを痛感したという。二〇一六年、三谷が作・演出をした舞台『エノケソ一代記』は、榎本健一（エノケン）になりすまして全国を巡業した「エノケソ」を描いた物語で、市川猿之助が主演を務め、三谷が古川ロッパのニセモノを演じた。三谷はロッパを映像でしか見たことがないため、『わが家の歴史』でロッパ役だった伊東を参考にした。その際、過去に伊東が他作品で言ったアドリブをロッパのセリフに取り入れている。

三谷『アパッチ砦の攻防』で伊東さんがアドリブをおっしゃったんです。混乱した状況があって、伊東さんが説明してるんだけど相手になかなか分かってもらえないときに、〝これは長期戦になるぞ〟って。この〝長期戦〟という言葉のチョイスが本当に面白かった。それが印象に残ってて、『エノケソ一代記』のとき、僕は伊東さんのマネをしてアドリブで〝これは長期戦になるぞ〟と言ったんです。でも、全然ウケなかった。僕のなかでは同じシチュエーションなんですけど、僕が言うとダメなんですよね。伊東さんに〝コツを教えてください〟って電話でお聞きしたら、伊東さんはそのセリフを覚えてなくて、〝力になれない〟と言われました（笑）。

僕のロッパは伊東さんになったつもりで演じたんですが、やっぱり難しい。猿之助さんがガーッと何か言ったときに、僕が〝あ、そう〟とか一言ポンと返して笑いをとろうとするんですが、頭のなかでは分かっていても、いざ演じるとなると僕の力量では無理でしたね」

傍からは、伊東は難しいことを事もなげにやっているように見える。力が抜けていて、何日も稽古してきたとは感じさせない。だが、伊東はいまだに舞台に立つことが怖いと語る。

「喜劇は初日が開いてからも安心できる日がありません。真面目な芝居だと、十日もすればお客さんの反応が把握できますけど、喜劇は意外なところで笑ってもらえたり、昨日までウケてたものが全くウケなくなったりしますからね。ウケなかったら、なぜかを必死に考えます。だから、喜劇は勉強になるんですよ。

喜劇は親切じゃないといけません。分からない方が悪いというのはダメだと思う。お客さんが全く笑わなかったら、それはお客さんのせいじゃなくて、やっぱり演じてる人のせいなんですよ。お客さんは毎日ちがいますから、幕が開いたら五分以内にその日の傾向をつかまなくちゃいけない。喜劇は毎日、同じ演じ方ではダメなんです。私は劇場が開場したら、楽屋のモニターから流れてくる客席のざわめきを聞いて、そこからお客さんの雰囲気を探ってます。何十年やってても喜劇は難しいですね」

三谷は、伊東が舞台袖から客席の雰囲気をつかもうとしている姿を目にして、「あの伊東さんでさえ、いまだに勉強されてるんだと知って驚きました」と語る。喜劇に向かう姿勢はあくまでも真剣で、ストイックだ。

伊東は取材時に「喜劇はお客さんに教えてもらう」と繰り返し語った。その姿勢は一貫している。伊東は稽古場でのウケを信用しない。稽古でウケたものが舞台の上でウケなかった体験を何度もしているからだ。佐藤は稽古場での伊東を次のように語る。

佐藤「伊東さんは稽古場のなかだけの気持ちじゃなくて、〝このときのお客さんはどんな気持ちでいるんだろう〟ってつねに考えてらっしゃる。稽古でも本番でも、演じてる目とはちがう、もう一つの目があるんですよ。全体を見渡す冷めた目というのかな」

伊東はいつも「客席から見ている自分」をつくる。それは長い喜劇人生活によって裏打ちされた方法論なだけでなく、これまでに多くの舞台を見てきた経験からくるのだろう。伊東の喜劇人人生は六十五年だが、そもそも八十年以上にわたって一人の観客だった。喜劇役者としての伊東は、見たもの聞いたものによって血肉化されている。

喜劇役者伊東四朗のルーツ、それは客席から舞台上を憧れのまなざしで見ていた伊藤輝男にある。

第二章

軽演劇とストリップ小屋の原風景

――みんなある意味いい加減で、ある意味必死だったんです

昭和33年ころ、劇場楽屋でのショット（ともに本人提供）

エノケンの西遊記

浅草寺の表参道である仲見世《なかみせ》通りは、両側に今と変わらぬ桃山風朱塗りの店が立ち並び、参拝客で賑わっていた。その人波のなかを、迷子になった男の子が泣きながら歩いている。父のトンビコートの袖につかまっていたが、周りに気をとられ、いつの間にか知らない大人の袖をつかんでいたのだ。それから父が迎えに来るまで、鳩の豆を売るおばさんの隣でずっと泣いていたという。伊東四朗が三歳のころの記憶である。

伊東が初めて喜劇を見た記憶も浅草だ。喜劇好きの一番上の兄が、浅草六区から大通りを隔てて西側に位置する国際劇場へ連れていってくれた。国際劇場は松竹が一九三七年に建設したばかりの鉄筋コンクリートの四階建てで、「東洋一の五千人劇場」とも称された大劇場である。

「そこで見たエノケンの孫悟空をまだよく覚えています。舞台一面にひょうたんを飾って、金角大王に名前を呼ばれてひょうたんに吸い込まれるシーンがありました。でも、エノケンさんが国際劇場に出るわけがないって言われるんですよ。エノケンさんは東宝ですから。私の記憶では国際劇場なんですがね……」

「喜劇王」と呼ばれた榎本健一、通称エノケンは、一九三八年に松竹から東宝へ移籍し、以降は丸の内にある日本劇場（日劇）や有楽座に出演していた。浅草から丸の内への進出は、喜劇人にとっての出世コースである。国際劇場の上演記録を調べてみても、エノケンの名前は見当たらなかった。とはいえ、演劇の思い出は元来、曖昧に形づくられるものだ。正確な記録よりも、不確かでも生彩な記憶こそが、人生に意味を与えることがあるだろう。ここでは、幼い伊東が浅草でエノケンを見たという記憶を尊重したい。

エノケンは舞台や映画で何度も孫悟空を演じている。一九三八年の日劇公演『エノケンの西遊記』では、エノケンが見せる猿の習性のものまねが楽しいと評された（『新喜劇』一九三八年十一月号）。浅草オペラでデビューしたエノケンが喜劇人の資質を認められたのも、『猿蟹合戦』で見せた猿の演技であり、まさにエノケンの笑いの原点だった。

同時代には、浅草から丸の内へ進出したもう一人の「喜劇王」古川ロッパがいる。東京喜劇は、エノケン・ロッパの登場からはじまった。彼らが開拓したスピーディなギャグと軽快な音楽に満ちた喜劇は、大衆の新しい娯楽になった。一九三〇年代後半には、エノケン一座とロッパ一座が丸の内の大劇場で競うように喜劇を上演し、さらには主演映画によって人気が全国に広まっていった。伊東が生を受けたのは、そんな東京喜劇の熱気あふれる時代である。

一九三七年六月十五日、伊藤金三郎とはつの四番目の子として誕生した男児は、輝男と名づけられた。生まれは下谷区《したや》竹町《たけちよう》（現・台東区台東）、入り組んだ路地の突きあたりに家があった。いわゆる下町で、上野動物園にも浅草にも歩いて行けるところだ。同じ下谷区出身の喜劇人には、渥美清や萩本欽一がいる。

両親はともに静岡の生まれで、父は叩き上げの仕立て職人だった。職人だけに頑固そのものである一方、働きたくないときは働かないという気まぐれな一面をもっていた。家賃が払えずに引っ越しを繰り返したため、きょうだいはみな、生まれた場所が異なる。口よりも手が早く、輝男はしょっちゅうぶたれて育ったが、のちに兄たちから「おまえはすごくかわいがられた」と言われた。

「父親は無口で、一言もしゃべんない日もありましたけど、芸事は好きでしたね。時たま三味線をつま弾いたり、蓄音機で義太夫《ぎだゆう》を聴いたりしてました。

私が四歳のころに新橋演舞場へ連れてってくれて、初めて歌舞伎を見てます。十五代目(市村羽左衛門)が『勧進帳《かんじんちょう》』の富樫《とがし》をやってました。十五代目を見てるっていうのは、ちょっとした自慢ですね。たしか猿之助さん(初代市川猿翁《えんおう》)も出てました。おとなしく見てたと思いますけど、親父さんもそんな子どもを連れてって騒いだらどうしようと思わなかったのかなあ」

十五代目市村羽左衛門は、絶世の二枚目として人気を誇った戦前を代表する名優である。天性の華やかさがあり、戸板康二《といたやすじ》の回想によれば、晩年の羽左衛門が電気を消した花道に現れると、「そこらが明るくなって、パッと電気がついたような錯覚をおこした」という(『歌舞伎への招待』)。羽左衛門は終戦直前の昭和二十年五月、疎開先の温泉旅館で急逝した。七十歳だった。伊東と同世代で生前の姿を見ている者はわずかだろう。

伊藤家の日常には、芸事が自然に溶け込んでいた。母は歌が好きで、働いているときも鼻歌を口ずさんでいたから、輝男は知らず知らずのうちに昔の歌を覚えていった。

輝男にエノケンを見せてくれたのは、十三歳離れた長兄の祥蔵《しょうぞう》である。祥蔵はほかにも様々な舞台や映画に連れていってくれた。輝男が喜劇を好きになったのは、この兄の影響が大きい。

「のちのち聞いてみたら、兄貴は自分も芸能界に入りたかったみたいですが、親戚会議で反対されて、あきらめたそうです。そのころは今とちがって、芸能界がずっと遠いところにありましたから。今はすぐそばですけどね。そんなこともあってか、兄貴は私がこの世界に入ったときに喜んでました」

その兄がまもなく召集され、大陸へと出征していった。食糧事情はだんだん厳しくなる。輝男が国民学校に入学した際、お祝いとして振る舞われたおむすびを最後に、大好きな白米を食べられなくなった。口にできるのは代用食ばかりで、のちにＮＨＫのドラマ『おしん』に出演して大根メシを食べるシーンのとき、思わず戦時下の記憶がよみがえった。

東京の下町にも戦争がじわじわと近づいていた。

掛川の松本幸四郎

東部軍管区情報！　東部軍管区情報！——ラジオから鳴り響く声が、今も脳裏に焼きついている。

ラジオは戦時下を生きる庶民にとって、数少ない娯楽の一つだった。戦況が悪化してからも、ラジオは浪曲や講談、落語などの演芸番組を放送していた。輝男はしょっちゅう落語を聴き、とくに三代目三遊亭金馬《きんば》の創作落語に笑ったという。だが、本土空襲がはじまると、ラジオから「東部軍管区情報」のアナウンスが連日のように流れ、「敵機襲来」を告げた。けたたましいサイレンが町中に鳴り続ける。伊藤家はそのたびに、父がミシンの機械部分を背負い、家族そろって手をつないで上野の山まで避難した。

翌日、爆弾が落ちた場所に行ってみると、大きなクレーターができていた。学校では、同級生が一人、また一人と欠けていく。目の前で人の死に直面したこともあった。伊東は半藤《はんどう》一利《かずとし》との対談のなかで次のように語っている。

ある日、空襲警報の解除後に近所の人たちが家から出てきて、「ああ、みんな助かったな」なんて安心していたら、電線に引っかかっていた焼夷弾が突然落っこちてタテノさんという近所の方の顔を直撃した。その方は顔の半分がスパッと削ぎ落とされて死んでしまいました。私は間近で見たから、あの光景はいまだに頭から離れませんね。あの時「即死」という言葉を覚えました。(『文藝春秋』二〇一九年九月号)

昭和二十年三月十日未明、東京の上空に約三百機のB29爆撃機が飛来し、約千七百トンの焼夷弾を投下、下町一帯が火の海と化した。浅草では浅草寺の本堂も五重塔も焼け、輝男が迷子になった仲見世通りも、エノケンを見た国際劇場も焼失した。死者は十万人を超え、焼き出された人は百万人にのぼる。伊藤家ではいよいよ命の危険を感じ、すぐに子どもたちを母の実家がある静岡県掛川《かけがわ》へと疎開させた。

掛川での生活は一転して、のどかなものだった。青い空に現れたB29は、白い飛行機雲を引きながら、一直線に東京へ向かって飛んでいく。ひとまず、死の恐怖から解放された。掛川の国民学校に編入した輝男は、はじめはよそ者扱いされていじめられたが、次第に土地に馴染んでいった。

町には、明治末期に建てられた掛川座という旧《ふる》い映画館があった。もとは芝居小屋で、廻り舞台があり、天井も高い。そのため、戦時中から戦後にかけて、まれに歌舞伎の巡業が来たり、人気スターの歌謡ショウが行われたりした。

「そこで今の白鸚《はくおう》さんのお祖父さん（七代目松本幸四郎）の芝居を見ました。『吃又《どもまた》』をやっていたと思います。絵が浮き出てくる場面がありましたから。

ほかにも田端義夫さんが来ましたね。田端さんは斎藤寅次郎監督の喜劇映画に出てた人ですから、面白いステージでした。歌だけじゃなく、しゃべりも面白かったんです。のちに私が『ムー一族』というドラマに出てたとき、楽屋で樹木希林さんとたまたま田端さんの話になったんですよ。そしたら、急に希林さんが私の後ろを指さして、パッと見たら田端さんがいたっていうことがありました。子どものころに見た人が私の楽屋を訪ねてくれるなんて、とってもうれしかったですね」

疎開から五ヶ月後、日本は終戦の日を迎えた。その日の昼には町内の人々が集まり、一緒になってラジオから流れてくる玉音放送を聴いた。

「私が住んでた家の筋向かいに石屋さんがあって、店先に大きな石が積み重ねてあったんですよ。その上に座ってラジオを聴いた覚えがあります。何を言ってんのかはさっぱり分からなかったですけど。声が途切れ途切れで、大人でも分かりにくかったんじゃないですか。ただ、戦争に負けたんだってことは、雰囲気として伝わってきました。悔しいっていうよりも、ホッとしましたね。もう空襲はないんだなって。その感覚は子ども心にもありましたよ」

終戦後も伊藤家は東京に戻らず、「伊藤洋服店」の看板を掲げてそのまま掛川で暮らした。輝男は中学三年までを掛川で過ごすことになる。

『猿蟹合戦』で喜劇デビュー

兄の祥蔵が復員した。すぐに気づかないくらい変わり果てた姿だった。マラリアと壊血病に罹患しており、マラリアは発作が起きると震えが止まらなくなるほどだった。戦地から命からがらようやく帰ってきたのだ。

その後、療養して健康を取り戻すと、生来《せいらい》の芝居好きの血が騒ぎ出した。祥蔵は仲間を集めてアマチュア劇団を立ち上げ、自ら脚本を書いた。公演場所は掛川座である。掛川座の思い出を綴った土屋智宏著『掛川座——ぼくのシネマパラダイス』には、祥蔵の次の言葉が記されている。

芝居を演ったことがあるのさ。丹下左膳の芝居だったけど、これがうけて客はいっぱいさ。そりゃあすごかった。だけど困ったのは、戦後すぐだったから占領軍に本が通らなくって、刀を使っちゃいけないというんで、まあ大変だった。

占領期の日本では、GHQが脚本の検閲を行い、仇討ちものや封建的忠誠心を賛美するものを実質的に禁止していた。そのため、『仮名手本忠臣蔵《かなでほんちゆうしんぐら》』をはじめ歌舞伎の演目の多くが上演できなくなり、チャンバラも御法度だった。時代劇にとって受難の時代である。検閲は地方のアマチュア劇団に対しても同様に行われ、祥蔵も事前に脚本を提出して上演許可をもらった。丹下左膳《たんげさぜん》はチャンバラ映画の代表的ヒーローだが、映画でも刀を抜かない時代劇がつくられているので、何らかの工夫をして上演したのだろう。

祥蔵の劇団が『青空画伯』という現代劇を上演するにあたり、子役が足りなかったため輝男に声がかかった。小学五年生ごろのことだ。配役は靴磨きの浮浪児《ふろうじ》で、家にある端切れを縫い合わせてつくったボロ着を衣装にした。舞台上では恥ずかしがって後ろばかり向いていたが、その一方でセリフは他の演者の分も全部覚えてしまったらしい。それが輝男の初舞台だった。

幸運なことに、その劇団の一員に掛川座の館主がいた。おかげで輝男はたくさんの映画を顔パスで見せてもらえた。

「そのとき喜劇映画を見まくったことが、私の財産になりました。エノケン、ロッパ、シミキン（清水金一《きんいち》）の映画をよく見ましたね。洋画ではチャップリン、バスター・キートン、ハロルド・ロイド、マルクス兄弟、ローレル＆ハーディ、アボット＆コステロ、レッド・スケルトン……。とくにナンセンスなものが好きでした。

ビックリしたのは『マルクスの二挺拳銃』。走ってる列車の燃料がなくなって、斧で列車をどんどん壊して薪にしていくんだけど、斧が切れなくなったら、床に穴を開けて車輪で研いじゃう。あれは最高のギャグでした」

掛川座は祥蔵にとっても伊東にとっても思い出の劇場である。掛川座は平成まで営業を続けて「現役最古」の映画館と言われたが、区画整理のため一九九一年に閉館し、八十余年の歴史に幕を下ろした。その際、祥蔵が「掛川座 永遠に」というイベントを企画し、伊東も参加している。演目の一つとして地元のアマチュア劇団が約四十年ぶりに『青空画伯』を再演し、祥蔵と伊東は客席から観劇した。最後に伊東が舞台に上がり、歌を歌っている。選んだのは岡晴夫《はるお》の『東京の花売り娘』と田端義夫の『大利根《おおとね》月夜《づきよ》』だった。

輝男は中学に入ると英語部に所属した。終戦後の日本には英語ブームが巻き起こっており、一九四六年二月にスタートしたＮＨＫラジオ『英語会話』が、通称「カムカム英語」としてブームを牽引していた。番組のオープニングは、童謡『証城寺《しょうじょうじ》の狸囃子《たぬきばやし》』の替え歌からはじまる。「カム・カム・エヴリバディ。ハウ・ドゥ・ユー・ドゥ・エン・ハウ・アー・ユー」。輝男も、学究肌だった次兄に言われて小学生のときから「カムカム英語」を聴き、英語に親しんでいた。

英語部では、文化祭になると英語劇を上演する。演目は『猿蟹合戦』や『浦島太郎』で、『猿蟹合戦』では、輝男が主役の猿を演じた。

「最後に柿をぶつけられて、木から落ちて幕になるんです。ふと幕の外側に落ちたらどうなるかなあと考えまして。わざと客席側に落っこちて、スーッと幕が閉まったときに頭をかいてみせたら大笑いになりました。あのとき、笑いをとることの快感を覚えたんでしょうね」

輝男のなかで喜劇役者の小さな芽が芽吹いたのかもしれない。東京喜劇史を振り返れば、エノケンの笑いの原点も『猿蟹合戦』の猿の演技だった。偶然にも、エノケンと伊東は同じ『猿蟹合戦』によって、笑いに目覚めたのである。

新東宝の森繁久彌

一九五二年四月、前年に締結したサンフランシスコ講和条約が発効し、GHQによる占領体制が終わった。伊藤家が掛川に来てからすでに七年が経過している。輝男はこのまま掛川に永住するかもしれないと思っていたが、先に東京へ帰っていた次兄と姉に呼び戻された。

同年十月、輝男は国立《くにたち》中学校に転校することになり、二人が待つ国立のアパートへと向かった。

「行ってみたら掛川より田舎なんですよ。思わず〝えっ、ここも東京なの？〟って。今は杉並区にいるんだけど、あそこだって昔は別荘地だから山の手とは言わない。完全に郊外ですよ。山の手というのは、山手線のすぐ外側ぐらいまででしょう」

そのアパートは伊東が「高床式住居」と語る一階建ての変わった造りで、床が地面から一メートルほど高く、下は土台の脚だけで素通しだった。部屋は真四角の四畳半、畳は自分たちで入れなければならなかったが、お金がないからゴザを敷いていた。下から吹き上がる風でゴザが膨れ上がるため、四隅に行李《こうり》を置いて重しにした。見上げると天井がなく、屋根の裏側がむき出しになっている。冬は凍傷になるほどの寒さで、茹でたほうれん草が朝起きるとコチコチに凍っていた。きょうだい三人は三月までの半年間、寒さをこらえながらそこで暮らした。

東京に戻ったばかりのとき、次兄に誘われ、銀座通りを歩いてみた。復興した銀座の街を歩きながら、輝男は平和な世の中が来たことを実感していた。

「勉学一筋の兄貴が、よくまあ銀座に行こうって言いましたね。街並みはそんなに変わったと思わなかったです。服部時計店が爆撃されてたらずいぶん印象も違ったんでしょうが、あれが健在だったことがうれしかったですね。

そのときにボクシングの白井選手（白井義男）とすれ違ったんですよ。思わず兄貴に〝今の白井だろ〟って目配せしました」

輝男が掛川にいた七年の間に、東京の喜劇界は様変わりしていた。一九四七年四月に初めて実現したエノケン・ロッパ合同公演は満都の喝采を浴びたが、このころを頂点に軽演劇の劇団は凋落の一途をたどる。一九四九年にロッパ一座が解散、翌年にはエノケン劇団も解散に追い込まれた。背景には、戦後のインフレと高率の入場税による劇団経営の悪化や、続々と公開されるアメリカ映画に客を奪われたことがある。くわえて、ストリップという新たなショウが台頭してきた。一九四七年一月に新宿帝都座五階劇場で行われた「額縁ショウ」を端緒にして、女性のヌードが舞台上に現れるようになり、それまで軽演劇を上演していた芝居小屋は次々とストリップ劇場に変わっていった。

だが、そんな状況下でも、次世代を担う喜劇役者が頭角を現しつつあった。

戦後も引き続き庶民の娯楽だったラジオでは、一九四七年に放送を開始した『日曜娯楽版』が軽快な音楽と風刺コントで人気を集めていた。番組を手がけたのは、作曲家であり放送作家の元祖とも言われる三木鶏郎《とりろう》である。彼は俳優や放送作家を結集したトリローグループを率いており、そのなかにまだ二十代の三木のり平がいた。日本橋浜町《はまちょう》にある待合《まちあい》の家に生まれたのり平は、幼いころから歌舞伎や落語を見て育ち、一度は新劇の道へ進んだだけあってあらゆる芝居に精通しており、若くして異彩を放っていた。

昭和前期の東京喜劇の一角を占めていた劇場に「ムーラン・ルージュ新宿座」がある。新宿にあった赤い風車が目印の劇場は一九三一年に開場し、軽演劇やレビューを毎日上演していた。そこへ一九四二年に研究生として入ってきたのが、二年前に宮城県石巻市《いしのまき》から上京した由利徹《ゆりとおる》である。一年後に召集されて戦場へ送られるが、戦後に復帰した。由利は当時を回想して、「俺は役者か歌手になりたかったんで、三枚目やろうなんて、これっぽっちも考えてなかったからね」と語るが、ズーズー弁が客にウケていたというのだから、喜劇役者の片鱗を見せはじめていたのだろう（『由利徹が行く』）。

戦後のわずか一年であるが、森繁久彌もまた、ムーラン・ルージュに在籍していた。森繁はのり平や由利よりおよそ十歳年上で、俳優としてのキャリアは東宝に入社した一九三六年にはじまる。東宝劇団では馬の足までやり、ロッパ一座を経て、戦時中はＮＨＫのアナウンサーとして満州にある新京中央放送局に赴任していた。帰国後はムーラン・ルージュでの演技が認められ、舞台上で歌を歌って「森繁節」を披露している。一九五〇年にＮＨＫラジオ『愉快な仲間』のレギュラーになると人気が高まり、新東宝の喜劇映画に立て続けに主演、まもなく森繁の時代が到来しようとしていた。

数々の才能を輩出したムーラン・ルージュだったが、伊東が東京に戻る直前の一九五一年、経営不振のため解散した。

「ムーランは見てません。残念ですね。由利さんからムーランの話を聞いたことがあります。春日八郎さんが二枚目をやってたというんだけど、あの方も訛《なま》るからね。それで由利さんが〝おんめぇが二枚目っていうのはおかしいな。そんだけ訛ってたらダメだぁ〟って言ったたって。あなたも訛ってるって（笑）。

森繁さんと由利さんはムーランで一緒の舞台に出てますよね。由利さんの方が年下なんだけど、ムーランでは先輩なんですよ。だから森繁さんのことを〝シゲ、シゲ〟なんて（笑）。

　ムーランの森繁さんは見られませんでしたけど、映画は全部見てます。新東宝の映画は、森繁さんが歌をいっぱい歌うんですよ。これがいい歌なんで、映画を見ながら大学ノートに歌詞を書いて、メロディ覚えるためにもう一度見に行って、きっちり覚えました。のちのち森繁さんと一緒に仕事をしたとき、ご本人の前でその歌をパッと歌ったりすると、〝おっ、いい歌だな、誰の歌だ？〟って。映画だと一回録音するだけだから、覚えてないんですよ。〝先輩の歌ですよ〟って言ったら〝俺、歌った覚えはねえんだけど〟〝いや、これこれの映画のこういう場面で歌ってたんです〟〝そうか〟って。

　あるとき、〝そんなに聴きたかったら、今度カセットレコーダー持ってこい〟と言われまして、後日、撮影所の門のところでレコーダーぶら下げて待ってたんです。そしたら、森繁さんが車に乗ってきて、開口一番〝おまえ、本気だったのか？〟。冗談のつもりだったみたいです。でも、楽しそうにいろんな歌を吹き込んでくれましてね。私には至福の時間でした」

　銀幕のなかの森繁は、のちに喜劇役者伊東四朗の血となり肉となっていくが、映画館のなかでノート片手にスクリーンを見つめる輝男少年は、森繁に憧れる一人のファンにすぎなかった。

志ん生のマクラ

一九五三年四月、輝男は都立市ヶ谷高校に進学した。これまでは成り行きで素人劇団や英語劇に出ていただけだが、初めて自ら進んで芝居をやろうと思った。だが、高校の演劇部は新劇志向で、演目はきまって菊池寛『父帰る』か、真船豊《まふねゆたか》『寒鴨《かんがも》』である。

「演劇部には入ってません。高校生が『父帰る』をやったって面白くないと思ってましたから。その代わり、クラスのみんなで喜劇をつくって文化祭に出したんです。佐々木邦《くに》さんのユーモア小説『いたずら小僧日記』を自分たちで脚色しました。ずいぶんと好評でしたよ。私は太郎という役を演じたんで、それ以来、後輩から〝太郎さん〟と呼ばれるようになりました」

佐々木邦はユーモア小説のジャンルを開拓し、大正から昭和にかけて人気を博したベストセラー作家である。『いたずら小僧日記』は、悪ガキの太郎がドギツイいたずらを繰り広げるストーリーで、数多くのエノケン映画を監督した山本嘉次郎《かじろう》が映画化したこともある作品だ。「太郎さん」と呼ばれるようになったのは、輝男の演技がそれだけ強い印象を残したからだろう。

このとき喜劇を上演したことの意味は、当時の演劇状況を踏まえなければ分かりにくい。一九五〇年代は、文学座、俳優座、民芸の三劇団が精力的に活動し、ジャーナリズムが「新劇ブーム」を喧伝していた時代である。今よりもはるかに新劇の地位が高く、背伸びをしたい高校生であれば新劇を選んで当然という雰囲気だったのではないか。だが、輝男はそんな空気を読むことなく、喜劇に価値を置いていた。のちに伊東は「演劇の一番上にあるのは喜劇だと思う」と語っており、その喜劇思想には十代のころから一本芯が通っている。

高校時代は芝居にのめり込んでいたが、だからといって役者になりたいとは思わなかった。舞台にせよ映画にせよ、自分からはずっと遠い世界に感じていたのだ。

高校卒業後は大学に行きたかったが、父から「大学って何だ？」と言われ、その一言で断念した。それなら普通のサラリーマンになって親孝行しようと、学校に来る求人票を頼りに就職活動を行った。だが、就職試験を十数社受けてみたものの、いっこうに受からない。

「筆記は通っても、面接で片っ端から落とされました。面接に向かない顔だったのか、〝尊敬する人はエノケン、好きな本は『サザエさん』〟なんて言っちゃったのがマズかったのか。もし一社でも受かってたら、定年まで勤めあげて、今ごろは何してるでしょうねえ」

やむなく就職をあきらめ、早稲田大学の学生だった次兄に紹介されて、大学の生活協同組合でアルバイトをはじめた。仕事は牛乳瓶のふたを開けたり、ラーメンをつくったりで時給三十円である。平日は早稲田の生協、土日は東京大学駒場キャンパスの生協で、年中無休のバイト生活に明け暮れた。

バイト仲間に船本という早稲田の学生がいた。彼は落語研究会の会長をしており、芝居好きだったためすぐに意気投合する。二人はつるんで歌舞伎やストリップを見に行き、寄席は船本の顔が利いたので新宿末廣亭や人形町末廣に裏から入れた。落研では大学に落語家を呼ぶことがあり、輝男はそれも見ている。

「早稲田の大隈小講堂に、小ゑん時代の談志さんや全生《ぜんしょう》時代の圓楽《えんらく》さん（五代目三遊亭圓楽）が来てましたよ。そのときは落語じゃなくてヴォードヴィルで、談志さんがタップ踏んだりしてましたね」

　当時の落語界は、前座ないし二つ目だった談志、圓楽、古《こ》今亭志《こんていし》ん朝《ちょう》らの若手が競い合う一方で、古今亭志ん生や八代目桂文楽といった名人も健在だった。輝男は志ん生目当てに寄席に通った。志ん生は天衣無縫で型破りな芸風が愛され、酒にまつわる逸話も多い。

「志ん生さんが酔っ払って高座に上がる姿を何度も見てますよ。そういうときは目玉の噺をすると決まってました。いつ聴いても可笑しかったですねえ。最初に〝えー〟って発してから何も言わないこともありましたよ。寝てたんですね（笑）。

　あの途轍もないマクラも大好きでした。〝近ごろのように自動車が増えてくるってぇと、道を向こッかわに渡るのも一苦労ですな。『あなた、よくそっちへ渡れましたな』『あたし、こっち側で生まれたんです』〟。絶品ですね。

　志ん生さんが『お直し』で芸術祭賞を受賞したときも、寄席で聴いてました。〝文部省がね、あたしに賞をくれるんですよ。近ごろは政府もずいぶんと粋になったもんですなあ〟って。あれ以来、あんな話し方をする人はいないですよ。ちゃんとやってるのに、ちゃんとやってるように見せない。そこがすごいところですね」

ストリップ劇場の楽屋裏

生協のバイトが終わると、輝男は十円玉でコイントスをし、表が出たら歌舞伎座へ、裏が出たらストリップ劇場へ行く。当時のストリップ劇場は軽演劇とストリップショウの二本立てで、ショウの合間にコントをやっていた。

「新宿フランス座は学割もありましたから、大学生が多かったですね。私も早稲田の学生ですって顔して行ってました。詰め襟の学生服に早稲田のWと、東大の銀杏《いちょう》のバッジをつけて。バッジは誰かからもらったんです。

結局、そのころはストリップ劇場でしか喜劇をやってませんでしたから。とにかくワクワクして見に行きました。新宿に二軒、池袋に一軒、浅草には四軒あったんです。浅草に行くときは全部ハシゴしました。高校時代はさすがにストリップ劇場へは行けなかったんで、働き出してからですよ。時給三十円で働きながら小遣いは全部そっちにつぎ込みましたね」

戦前の劇場では、通称「エロ取締規則」によって踊り子の露出が厳しく取り締まられていた。ズロースは股下二寸未満のものが禁じられ、取調室で踊り子がズロースの股下を物差しで測られたこともある。だが、戦後の日本では、民主化が進むとともに「エロ」も解放された。GHQの検閲は「エロ」に寛容で、女性のヌードを初めて舞台に上げた「額縁ショウ」では上半身裸の踊り子を十数秒見せるだけだったが、ショウはあっという間に過激化する。

女性のヌードが売りものになると分かると、軽演劇の劇場は次々とストリップ劇場へ鞍替えしていった。規制が緩和されて自由になったはずの時代に、軽演劇の役者が活躍の場を奪われたのは皮肉なことである。

ストリップに職場を追われて他の仕事を探す者もいたが、踊り子よりも安い給料にあまんじながら笑いに懸ける者もいた。喜劇人にとってのストリップ劇場は、上昇志向あふれる者が鎬《しのぎ》を削り合う一方で、ほかでは生きられない者が糊口《ここう》をしのぐ場でもある。劇場のなかは時代の空気を色濃く反映して、混沌とした熱気に満ちていた。観客席の輝男はその雰囲気に魅せられていた。

「台風の日になると役者が休んじゃって、代わりに裏方さんが出てくるんです。そういうのが好きでしたねえ。困ってるなあと思いつつも、いつもは幕を引く人が四苦八苦しながら演技してるのを見るのも楽しみで。とにかくもう、いい加減なんですよ。

台本を袂《たもと》に入れてる役者もいました。それを見ながらセリフをしゃべってると、隣の役者が〝君も見るなら僕も見る〟って。それが計算なのかどうかは分からないんだけども、きっちりやってないというのもまた好きでね。

休みなしで夜中じゅう稽古しなきゃいけないんで、みんなヒロポンを打ってたという話もよく聞きました。まだ合法な時代もありましたから。出回ってるときは、質のいいものを薬局で売ってましたが、質が悪くなったのは地下に潜ってからですね。中華鍋みたいなものでみんなが勝手につくってたから、不純物もいっぱい入ってる。ある喜劇役者なんて、アンプルを集めた袋を枕にして楽屋で寝てたっていうから、すごいですねえ。あれを打つと、食欲がなくなって、ものを食べられなくなるそうです。腕なんか細くなっちゃって、そこへ打つもんだから、ヒロポンの液が突き抜けて向こう側へピューッて。それで〝ああ、効いた！〟って、効くわけないんだよ（笑）。そんな話をよく聞きましたね。

みんなある意味いい加減で、ある意味必死だったんですよ。要するに、喜劇やコントはストリップのツマですから。そうだと分かっていても、ハダカ見に来てる客に俺たちのことも見せたい、見てもらいたいという思いがあったんじゃないですか。そういうところに、なんか魅力があったのかな」

輝男がストリップ劇場通いをしていたころ、各劇場では次のような喜劇人たちが活躍していた。

・新宿フランス座――石井《いしい》均《きん》、戸塚睦夫《とつかむつお》、三波伸介《みなみしんすけ》
・池袋フランス座――長門勇《ながといさむ》、池信一《いけしんいち》
・浅草フランス座――渥美清、谷幹一《たにかんいち》、関敬六《せきけいろく》
・浅草ロック座――立原博《たちはらひろし》、佐山俊二《さやましゅんじ》
・浅草カジノ座――美戸《みと》金二《きんじ》（ミトキン）、七味《しちみ》十〇四《とんがらし》
・浅草座――海野《うみの》かつを

「私は、渥美さんが山下清のものまねをやってるのを見ましたね。〝ぼ、ぼくはだな……、へ、へ、兵隊の位に直すとだな……〟ってやってました。山下清のマネをしたのは、日本で最初

じゃないのかな」

渥美清が浅草フランス座に来たのは一九五三年、二十五歳のときだ。口跡の良さ、絶妙なアドリブ、客の心を巧みにつかむ話術、彼の芸は周囲を圧倒し、すぐに座長格になった。ものまねも絶品で、一時間の芝居をものまねで通すこともあったという。レパートリーはエノケンやロッパ、森繁久彌、大河内傳次《おおこうちでんじ》郎《ろう》、片岡千恵《ちえ》蔵《ぞう》と幅広い。だが、翌年に肺結核と診断され入院、右肺の摘出手術を受け、それから療養生活が約二年続く。一九五六年にようやく復帰し、一年ほどフランス座で活躍した後、テレビの世界へ旅立っていった。

渥美がフランス座の舞台に立っていた正味の期間はそれほど長くない。一九五六年に高校を卒業してからストリップ劇場へ行きはじめた輝男は、復帰後の渥美を見たことになる。そのころ、フランス座の裏方には井上ひさしの姿もあった。上智大学の学生だった井上は一九五六年十月にフランス座の文芸部に入り、進行係を務めていた。進行係は舞台袖に待機し、幕の上げ下げや小道具の出し入れ、照明や音楽のきっかけ出しなどを行う。

ということは、ある日の浅草フランス座には、舞台上に渥美清、舞台袖に井上ひさし、客席に伊東四朗がいたというわけだ。

井上は楽屋裏の喜劇人たちについて次のように記している。


あのころは芝居の始まりが午前十一時半、外回りの会社員の方々がサボって来ていて、芝居の間に弁当を使う。おかげで場内がプーンと沢庵臭くなる。男というのは妙に見栄っ張りで、踊り子さんの前では弁当をひろげないんですね。芝居の間に腹拵えをしておいて、何喰わぬ顔でショウを観る。

「ものを喰うついでに見られてたまりますか。笑わせつづけに笑わせて、弁当のことを忘れさせてやりますから。弁当なんて休憩時間に食えばいいんだ」

そう言い捨てて、舞台へ出て行く。これは渥美さんと云わず、男優たち全員の覚悟だったように思います。そういう心意気でやるんですから、毎日、わくわくするような舞台が実現していました。(『浅草フランス座の時間』)

渥美清が寅さんになるのは、フランス座をやめてから十一年後である。


浅草にある四軒のなかで、浅草座はフランス座に比べるとずっと小さい。だが、その小さな舞台で見た海野かつを、伊東の脳裏に今なお刻まれている。

「海野かつをさんの一人忠臣蔵は面白かったねえ。一人で『忠臣蔵』を全部やるんです。ものすごく着膨れして出てきて、一枚ずつ脱ぎながら役を替えていく。ほかに役者がいないから仕方なくやってるんだというところがあって、そこが面白かったんですよ」

海野はその後、テレビの子ども番組や新栄《しんえい》電機という家電量販店のＣＭで活躍したが、一九八三年に入院したことをきっかけに引退した。その海野の貴重なインタビューが、一九九八年八月号の『東京人』に掲載されている。引退後は新栄電機の竹の塚店に勤務しており、撮影された写真も販売員の格好だ。

二年くらいフランス座にいて、浅草座の森支配人に誘われて、そっちに移った。コメディアンがぼく一人で、コントやるにももう大変。一人で忠臣蔵をやったことがあるんです。踊り子を盾にして、早変わりで着替えをしてね。それにしても、浅草座には、男が支配人とぼくと裏方の三人しかいなかったから、もうモテモテでしたよ。（笑）

一人で忠臣蔵を演じたことにも触れているから、海野にとっても記憶に残るコントだったのだろう。残念ながら、新栄電機は二十一世紀になって姿を消した。

尾上松緑の教え

東京喜劇には歌舞伎や落語のパロディが多い。とくに誰もが知っていた『忠臣蔵』は、格好の素材だった。初期の例をあげれば、エノケンのいる劇団で上演された菊田一夫の出世作『阿呆《あほう》疑士迷々伝』は、浅野内匠頭《たくみのかみ》が安全カミソリで切腹したり、赤穂《あこう》城明け渡しの際に貸家札を貼ったりするギャグがウケ、大ヒットした。戦後になってからも舞台の喜劇やテレビのコントで『忠臣蔵』は繰り返しネタにされている。だが、近年は『忠臣蔵』に触れる機会が減り、ストーリーを知らない人も増えてきた。

「今はいわゆるパロディができなくなってますね。当時は今と違って、お客さんが『忠臣蔵』の筋を全部分かっていたから、いちいち説明しなくてもパロディができたんですよ。説明しながらやるんじゃ、パロディになりませんから。喜劇はお客さんの方が上にいないと成り立たないことがあるんです。そういう意味では、パロディは高級な喜劇だと思いますけど、今はなくなっちゃった。寂しいですよね、本当に。

あのころは、私らみたいな若いのがストリップにも行けば、歌舞伎にも行ってたわけで。歌舞伎は高かったから、いろいろと非合法な入り方を考えました。団体客に紛れ込んだり、新聞社の記者になりすましたり、ほとんど犯罪だから詳しくは言えません（笑）。

この世界に入ってから、若いころに歌舞伎を見ててよかったなと思いましたね。何より楽しんで見てたのがよかったんでしょう。勉強のために見ようとしても身にならないですよ」

戦後の歌舞伎界は、世代交代の最中にあった。七代目松本幸四郎や六代目尾上《おのえ》菊五郎ら名優が相次いで世を去り、新しいスターが台頭しつつある。なかでも七代目幸四郎の三人息子、九代目市川海老蔵（十一代目市川團十郎）、八代目松本幸四郎、二代目尾上松緑《しょうろく》は高麗屋《こうらいや》三兄弟と呼ばれて人気があり、輝男も贔屓にしていた。

当時の歌舞伎興行は、戦前からの劇団制がとられ、菊五郎劇団と吉右衛門《きちえもん》劇団に分かれて公演していた。そのため両劇団の役者が共演する機会はなかったが、一九五七年からは年末に「顔見世《かおみせ》大《おお》歌舞伎」と名づけた合同公演が実現し、歌舞伎ファンを熱狂させた。輝男ももちろん足を運んでいる。

「合同公演は年に一回なんです。プロ野球でいうとオールスターゲームみたいなもんで、やっぱりワクワクするわけですよ。屋号を覚えて声もかけてました」

輝男はバイトをしながら、落語、ストリップ、歌舞伎の三つを見まくる日々を過ごしていた。そのうち芝居熱が高じてきたのか、観劇仲間の船本と一緒に早稲田祭で芝居をやろうと盛り上がった。題名は『弓張提灯《ゆみはり》』。落語の『締め込み』などの噺を自分たちで脚色して書き上げた。やるからには専門家からアドバイスをもらいたい。二人は相談して、大胆にも二代目松緑のもとへ直接聞きに行くことにした。

「どしゃぶりの雨の日でした。学生服に長靴をはいて、歌舞伎座の楽屋口へ行きました。そりゃあ、怒られますよ。番頭さんに追い返されそうになったんですが、ちょうどそこに松緑さんが楽屋入りして来まして。〃学生さんを大事にしなくてどうすんだ。さあ、お上がんなさい〃と言って、びしょぬれの私たちを楽屋に上げてくれました。台本にも目を通して、〃女形も出るのか。おい、鶴之助。ちょっとやってみせてやれ〃って、鶴之助さんを呼んでくれました。のちの中村富十郎さんです。

そのとき、松緑さんから〃いいですか、みなさんはアマチュアですから楽しんでおやりなさい。苦しむのはわれわれですから〃と言われました。今も忘れられない言葉です。

この世界に入ってから、松緑さんとお会いする機会がありました。よみうりランドで時代劇の撮影をしているとき、松緑さんが別の番組でいらしてて、挨拶に行ったんです。〃お忘れでしょうが、台本を持って楽屋をお訪ねした学生です〃って告白すると、〃おお、あのときの！〟って。うれしかったですね」

歌舞伎座の楽屋を訪れた後、「見てくかい？」と言われ、輝男は客席から芝居を見せてもらった。その日の最後の演目は『一本刀土俵入《いっぽんがたなどひょういり》』、松緑が駒形茂兵衛《こまがたもへえ》を演じる。輝男は心の底から「日本一！」と声をかけた。

新宿育ちの喜劇人たち

伊東に新宿の思い出をたずねると、都電の駅名がスラスラと口をついて出る。十二社《じゅうにそう》（現・西新宿）に住んでいた輝男は高校の三年間、都電で矢来町《やらいちょう》にある校舎まで通っていた。

「荻窪発の都電に乗って、成子坂下《なるこざかした》、柏木、終点の新宿で乗り換え。そこから月島行きの十一番、両国行きの十二番、万世橋《まんせいばし》行きの十三番が出ていて、私は十三番に乗って角筈《つのはず》から新田裏《しんでんうら》を通って、牛込北町《うしごめきたまち》で下車してました。いい駅名ばかりでしょう。由緒ある地名は残していってほしいですね」

新宿は伊東が青春時代を過ごした街である。

大学の生協で働きはじめると、遅番の日の午前中はいつも新宿伊勢丹に寄ってから仕事へ向かった。

「屋上に上がって、スッと浜松町の方を向くと工事中の東京タワーが見えるんです。だんだん伸びていく様子を眺めるのが楽しみで。昭和三十二年から三十三年の間ですね。ちょうど伊勢丹の横をトロリーバスが走っていて、それに乗ることもありました」
伊勢丹の北側、都電が走る靖国通りに面して「丸物《まるぶつ》ストアー」というデパートが建っていた。その一角に入っていたのが新宿フランス座である。興行会社の東洋興業が浅草フランス座の成功を受け、一九五二年にオープンした。数あるストリップ劇場のなかでも、輝男が最も頻繁に通ったのが新宿フランス座だった。なお、新宿フランス座は一九五七年に新宿ミュージックホールに改名しているが、ここでは新宿フランス座で統一する。

芸人や喜劇人たちを輩出した街といえば浅草が定番だが、新宿もまた数多くの喜劇人を生み、育てた土地である。由利徹は新宿育ちであることに誇りをもち、浅草の芸人という言われ方をすると、新宿のムーラン出身だと必ず訂正したという。当時は盛り場ごとに色が異なり、喜劇人の芸もその土地柄に結びついていた。

新宿は関東大震災以降に、西側へ広がる新興住宅地のターミナル駅として発展している。利用者はサラリーマンが多く、ほかに早稲田大学や中央線一帯の学生がたむろしていた。下町に住む庶民の街である浅草に対して、新宿はサラリーマンや学生中心の、ちょっと知的でモダンな街だった。

そんな土地柄もあり、ムーラン・ルージュ新宿座は脚本主体の知的な喜劇を上演していた。浅草の軽演劇の劇場が喜劇役者の個性やアドリブに頼っていたのに対して、ムーラン・ルージュではアドリブが禁止され、脚本主義を標榜していた。戦後は次第に盛り場の色が失われていくが、それでも井上ひさし主宰のこまつ座は新宿の紀伊國屋ホールや紀伊國屋サザンシアターを中心に公演を行い、三谷幸喜の東京サンシャインボーイズも一時期、新宿シアタートップスをホームグラウンドにしていた。伊東が出演した『その場しのぎの男たち』も初演は紀伊國屋ホールである。新宿の劇場には今なお、脚本主体の喜劇の水脈が流れているのかもしれない。

新宿フランス座には常時七名前後の喜劇人が在籍しており、輝男が通っていたころの一番人気は石井均だった。石井は一九二七年生まれの三十歳、幼くして一家離散するなど苦労の末に役者を志し、旅回りの劇団を転々とした後、フランス座入りしている。大きな目玉と大きな口が特徴的で、舞台に登場すると客席から「均ちゃん」の声がかかった。

「石井さんは九州の人で、時たま九州弁が出てましたね。スピード感があって、しょっちゅう動いてるっていう役者さんでした」

ほかに戸塚睦夫も在籍しており、途中から三波伸介が加わった。「ロッパさんみたいな人だな」。それが輝男の見た三波の第一印象だった。

輝男は毎日のようにフランス座へ来て、いつも同じ席から見ていたため、いやでも目立った。のちのち聞いてみると、楽屋裏でも話題になっていたという。そして、ある日突然、運命の瞬間が訪れた。

「いつも通り階段を下りて帰ろうとしたら、楽屋のガラス窓がガラッと開いて、石井さんと目が合いました。そしたら〝おい、寄ってけ〟って。そのとき声をかけられなかったら、今の私はないでしょうね。

それからは楽屋に入り浸るようになって、いろんな話を聞かせてもらいました。戸塚睦夫が一時期、浅草座に回されたことがあったんですよ。そのとき名前を変えられてね。海野かつをがいるから、おまえは山野《やまの》からすだって。楽屋で戸塚に会ったとき、〝おい、聞いてくれよ。俺、山野からすになっちゃったよ〟って嘆いてました。当時は名前なんていい加減なもんでしたからね」

楽屋に出入りするようになると、ストリップ劇場の内情にも通じてくる。とはいえ、この段階でもまだ、自分が舞台に立つことになるとは想像だにしていなかった。

しばらくすると、石井が独立し、新しい劇団を結成すると耳にした。旗揚げ公演は錦糸町の江東《こうとう》楽天地で行われる。「そっちにも遊びに来るか」と言われ、輝男はバイトの合間に、錦糸町まで見に行った。楽屋にも顔を出していると、あるとき、石井から軽い感じでこう言われた。

「一度、やってみるか?」

まもなく喜劇役者伊東四朗が誕生する。

第三章

喜劇界のパラダイムシフト

——井上（ひさし）さんのコントは難しくてね、人格がコロコロ変わるんですよ

「てんぷくトリオ」。（左から）戸塚睦夫、三波伸介、伊東四朗
（写真提供：共同通信社）

偶然のデビュー

江東楽天地は錦糸町駅前に広がる下町のアミューズメントセンターだった。構想したのは東宝を創業した小林一三《いちぞう》である。広大な工場跡地に劇場や映画館、遊園地、スポーツランドなどが立ち並び、家族連れで賑わっていた。一九五六年には、そこに「楽天地天然温泉会館」が加わった。鉄筋コンクリート造りの六階建てで、三階が大理石大浴場、四階が百畳敷きの大広間だった。

大広間では、大浴場から上がった客が弁当を食べたり、酒を飲んだりしていた。その正面に舞台がある。ある日、幕が開くと、中央に公衆トイレのセットが置かれていた。輝男はそこからジッパーを上げながら登場し、口笛を吹いて袖に引っ込む。わずか数秒の、セリフのない情景シーンである。稽古はなくぶっつけ本番、ギャラも出ないが、このときがプロの舞台でのデビューだった。

一九五八年、石井均は戸塚睦夫らを引き連れて新宿フランス座から独立し、劇団「笑う仲間」を旗揚げした。このとき三波伸介はフランス座に残ったため参加していない。笑う仲間は温泉会館の大広間からスタートした。飲み食いする客が相手だから、気軽に素人を舞台に上げたのだろう。輝男はちょくちょく出演するようになったものの、早慶戦があればそちらを優先したというから、まだ役者になると腹を決めていたわけではない。

だが、そのタイミングで生協から「正社員にならないか」と誘われた。輝男は人生の岐路に立った。

「生まれて初めてというくらい真剣に悩みました。正社員になると給料が上がりますから。牛乳瓶のふたを開けるのがうまいって褒められてもいたんですが、それだけを一生やっていくのかなって。気持ちがグラグラ揺れてました。でも、いつの間にか芝居の方に傾いていったんでしょうね。生協をやめて、石井さんの劇団に入れてもらいました。両親にも報告しましたが、親父は目も合わさずに〝ふーん〟と言って終わり」

笑う仲間はまもなく浅草の松竹演芸場に拠点を移した。輝男はそこから正式な座員になり、芸名を「伊藤証《しょう》」とした。松竹の上演記録を確認すると、一九五八年六月の下席（二十一日〜三十日）に初めて「石井均一座」の名前が登場し、『ちょい惚れ街道』を上演している。松竹演芸場では一日に複数の劇団が出演しており、同じ下席の演目には「五月みどりショウ」の名前もある。

「はい、覚えてます。出番のないときには、二階席に上がって〝みどりー〟と言って、テープ投げてました。サクラっていえばサクラなんですけど。

渥美さんが楽屋に遊びに来たこともありました。のれんをパッとかき分けて、〝均ちゃん、やってる？〟なんてね。そのとき、私のことを見て〝新人かい？ おかしな顔してるねえ〟。あなたには言われたくないと思いましたよ（笑）。

いざプロになってみると、客席から見るのと舞台に立つのとではこうも違うのかと、切実に感じましたね。自分がお客のときは、あいつがいいとかダメだとか、評論家なんですよ。でも、自分がやってみたらさっぱりウケない。先輩からは〝セリフが聞こえないんだよ〟って叱られました。それからは屋上で大きな声を出して稽古したり、公演の合間に浅草寺の境内に行って大道芸の居合抜きを見て勉強したりしました。大道芸の話芸なんて見事なもんでしたよ」

生協は時給三十円でも一ヶ月で七千円くらいになったが、劇団は固定給ではなく、一ヶ月働いても四千円程度だった。実家から通っていたので何とかなったものの、生活は苦しい。伊藤証は早く一人前になるために、懸命に芸を磨いた。

松竹演芸場では、大宮敏充《としみつ》率いる通称「デン助劇団」が東京の下町を舞台にした人情喜劇で人気を博していた。その穴埋めを期待された笑う仲間も少しずつ注目を集め、雑誌に写真付きで特集されている。記事によれば、座員十二名の平均年齢は二十六歳、劇団内の雰囲気は次のようなものだった。

座員は昼も夜も手弁当。舞台がハネれば女優さんの一張羅を持ちまわしで、キャバレーにショクナイ（内職）に出かける。だが、一ビンのイカの塩辛をぐるぐるまわしての昼食にも、「現代風俗を生かした人情ものがやりたい」「無理をしてもマゲものだ」「いやオペレッタだ」と芝居への熱はなかなか高い。旅まわりのやるせなさを知る均ちゃん座長も、「やせても枯れても東京の舞台にかじりつく」となかなか強気である。（『週刊朝日』一九五

九年三月二十二日号）

昔の軽演劇の劇場は十日替わりが基本である。月に三本の新作が必要で、稽古日はなく、楽日の翌日に初日を迎える。そこは文字通りショウ・マスト・ゴー・オンの世界だ。

「作家が書けなくなって、いなくなっちゃうこともありましたね。私がコピー係をしてたときです。コピー機なんてなかったですから、カーボン紙を挟んで、十枚ぐらいを下まで写るように鉄筆でギュッギュッと書くんですよ。あるとき、作家が〝ちょっとタバコ吸ってくるからな〟と言って、カバン持って出かけて行くんです。でも、ちっとも帰ってこない。どうしたのかなと思って原稿用紙を見たら、〝伊藤君、あと書いといてくれよ〟。

台本が途中までしかないことは、何回もありました。そんなときは、みんなを集めて口立て芝居をやるわけですよ。〝おまえ、何の役やりたい？〟というところからはじまるんです。〝絵描きなんかどう？〟〝絵描き、いいじゃない〟〝ただの絵描きじゃつまんないぞ。何かいわくつきの絵描きな〟〝じゃあ、普段は偉そうにしてるんだけど、ほんとは看板描いてる絵描きだったらどうですか？〟〝ああ、それでいこう〟とかね。

夜中じゅうそんなことしてたら、もう次の日になってる。それで、照明部と幕引き係に、暗転と幕のきっかけセリフだけ渡しとくんです。あとは分からない。そら、鍛えられますね。舞台袖にいても、どこで出たらいいのかも分からないわけですよ。ここぞというときにパッと出るんですけど、間違えてると〝まだ早い〟なんて言われる。そのとき、スーッと引っ込むわけにはいかないんですよ。ただ引っ込んだんじゃ、芸にならないからね。機転を利かせて、〝さあ、もう一回りしてくるか〟なんて体操しながら引っ込んだりして。

三百六十五日、休みなく芝居をやりましたけど、アドリブはこの時期に鍛えられました」

伊藤証時代の最長連続出演記録は四百十日である。この経験があるからこそ、伊東はどんなに台本が遅くても動じないのだ。

新宿の人気者

一九五八年十月、新宿の靖国通り沿い、フランス座のある丸物ストアーの並びに新宿松竹センターが開業した。地上五階、地下二階の総合娯楽施設には三つの映画館のほか、地下には定員五〇〇名の新宿松竹文化演芸場が設けられた。笑う仲間は開場以来そちらにも出演するようになり、しばらくしてから常打ちとなる。

「もともと浅草では、デン助さんが旅芝居に行く間、その穴を埋めてくれって言われてたんですよ。でも、そのうちにデン助さんが行かなくなったので、私たちが要らなくなったのかな。ちょうど新宿に劇場ができたんで、そちらに行ったんですね」

笑う仲間は主催者といざこざがあり、一度解散している。詳しい内情については、まだ駆け出しの身には知る由もなかった。解散後は、石井に言われて剣劇一座の一員として旅興行に出たが、石井が再びメンバーを集めて「石井均一座」を結成することになり、伊藤証も参加している。新メンバーには財津肇《はじ》メ、のちの財津一郎もいた。

新宿の地に軽演劇の劇場は久しぶりだった。新宿フランス座では軽演劇も上演していたが、ハダカのない劇場で軽演劇が常打ちになるのは、ムーラン・ルージュ以来である。はじめは観客よりも出演者の方が多い日もあったが、次第に客足が伸びていった。客層もムーラン・ルージュと同じく山の手のサラリーマンや学生が中心だ。そのため、石井均一座に対してムーラン・ルージュの再来を期待する声があがった。

新宿松竹文化演芸場も浅草の松竹演芸場と同様に、一日に複数の劇団が出演した。なかには、伊藤証が今まで客席から見上げるだけだった喜劇人の姿もあった。

「一度、シミキンさんと同じ舞台に立ってるんです。松竹文化演芸場で、石井均一座とシミキン一座が一緒にやったときがあるんですよ。そのときに一緒になって出ました。でも、雲の上の人でしたから、話なんてできませんよ」

シミキンこと清水金一は戦前に「浅草の喜劇王」となり、戦後も主演映画が松竹のドル箱と呼ばれた喜劇役者だ。だが、やがて人気が凋落し、一九五九年四月に再起を期して「モカル座」を結成した。その旗揚げ公演が新宿松竹文化演芸場だったのである。結局、モカル座が長く続くことはなかった。

やはり新宿の若い客には、石井均一座の若い役者たちによるスピーディなテンポと明るさがウケたのだろう。新宿の住民を中心に「均ちゃんを励ます会」もつくられ、石井均は「新宿の均ちゃん」になった。さらに一九六〇年からは一座でテレビにも進出する。六月からN

ETテレビ（現・テレビ朝日）の『極楽劇場』（金曜十二時十五分〜四十五分）にレギュラー出演し、十月からは枠を移動して『均ちゃん劇場』（火曜夜七時〜七時三十分）がはじまった。どちらも一座の舞台中継である。

「あのころはテレビというものが珍しかったですね。中継が入るときは、劇場の入り口にモニターが置いてあって、自分の出番が終わるとバーッと入り口まで行って見てました。途中で誰かトチッてるぞと思ったら、自分だったりして（笑）。

ギャラが一本八百円だったことまで覚えてます。すごいもらえるもんだなって。劇団からの給料が月四千円ですから、一本八百円はうれしかったですねえ」

番組の視聴率は二〇％に迫り、テレビの効果もあって劇場は大入りが続いた。さらに一九六一年には、石井均の主演映画が公開されている。一座の人気を背負って立つのはもちろん座長だが、観客のなかにはほかのメンバーに目をつける者もいた。演芸評論家の矢野誠一は石井均一座を見るために劇場に通い、とくに戸塚睦夫を贔屓にしていたという。矢野は戸塚の役者評を次のように書いている。

石井均が、売物の大きな目玉をひんむいて舞台せましとかけめぐり、十八番の『風呂敷婆さん』では到底老婆とは信じかねるようなスピーディで激しい動きを見せ、ときにはすわったまんまのかたちで跳びあがるといったナンセンスな笑いをふりまくのに対し、戸塚睦夫はといえば、ただひややかに見つめて、不器用そうな台詞《せりふ》まわしで、いささかしらけた、なんとなく自分の思いを伝えあぐねているような芝居をするだけの、しごく凡庸な役者にうつった。ただその凡庸さが、座長のナンセンスな演技をより引きたてんがために、自ら選んだ居場所のようにも見えてきて、おそろしい役者だと思ったのである。（『酒と博奕と喝采の日日』）

戸塚は一九三一年に浅草で生まれた。父は梅沢昇《のぼる》一座で剣劇役者として活躍した藤岡肇である。父の影響もあってか、長じてから役者を志し、梅沢昇一座や浅香光代一座を経て、新宿フランス座入りした。その後は独立した石井均と行動をともにし、一座では副座長格だった。

一方、まだデビューから三年とキャリアの浅い伊藤証にも、少しずつ人気が出はじめていたようだ。一九六一年五月十八日号の『新週刊』という雑誌には、「均ちゃんをしのぐ人気新宿松竹演芸場の伊藤証」と題した記事が掲載され、次のように書かれている。

この石井均一座に、均ちゃんをしのぐと評判の新人が現われた。伊藤証。お客さんたちは、彼が舞台に出ると「一等賞！」と声をかける。

〝一等賞〟こと伊藤証は、三枚目の悪役が得意だが、〝喜劇役者らしからぬ、笑わせる役者になりたい〟という。日本教育テレビの「均ちゃん劇場」（毎週火曜7時から）では学生役、五月中旬封切の東映「がめつい奴は損をする」にも、均ちゃんと一しょに出ている。

アドリブ（即興演技）やパントマイムがうまい。クロウト筋もカンがいいと賞めている。

伊東に見せると、「これは全然、知らなかった」と記事を読んで目をまるくした。

「いやー、驚いたな。そんな早くから書いてもらえてたんだ。市川崑《こん》さんが昭和四十三（一九六八）年の正月の新聞に〝今年のホープ〟として取り上げてくれたことがあったんですよ。それを読んで大きな励みになったんですが、その七年も前ですか。そのころから見てくれてる人がいたんだなあ」

キャバレー回りの日々

舞台がはねると毎日、伊藤証は戸塚とともに夜の街のキャバレーへと繰り出した。といっても客としてではなく仕事、業界用語でいうショクナイ（内職）である。石井均一座の人気が出たとはいえ、松竹から劇団へ支払われるギャラは一日五千円程度、座員一人あたりではわずかな額にしかならない。二人は生活費を稼ぐために一日に何軒ものキャバレーを掛け持ちし、コントをして回った。

当時のキャバレーにはダンスホールがあり、洋装のホステスが接客する業態で、起源は占領期に誕生した進駐軍向けの遊興施設である。最盛期の一九六〇年代になると、主要な盛り場には数百人のホステスを抱えるグランドキャバレーがつくられ、サラリーマンで賑わっていた。キャバレーには今のキャバクラとちがってショウタイムがあり、歌手や芸人が出演する。ホステス目当ての客を前にした舞台は、芸人や喜劇人にとって、もう一つの修業の場だった。

もともとは、新宿フランス座の時代に石井と戸塚がコンビでキャバレー回りをしていた。劇団を結成した後、石井が夜の仕事をやめたため、戸塚は近くのフランス座にいた三波とコンビを組み、キャバレーを回った。だが、劇場がちがうため、二人がそろわないことがある。そんなときは伊藤証に声がかかった。

「三波が出られないときは、私が戸塚と一緒に『三波・戸塚コンビ』として出ました。夜の仕事は、ミナミだろうが、キタだろうが、ニシだろうが何でもいいんで、私が三波伸介として出たんですよ。でも、そのうちに三波がいなくなっちゃって、ずっと私が三波を名乗って夜の仕事をするようになりました。

あるとき、テレビを見てたら、大阪からの中継に三波が出てました。玉川良一さんと東《あずま》けんじさんと三人でトリオを組んで、『おとぼけガイズ』なんて名前で出てるんですよ。何だ、いなくなったと思ったら、大阪であんなことやってるって」

おとぼけガイズはOSK（大阪松竹歌劇団）の本拠地である大阪劇場（大劇《だいげき》）で「大劇コメディ」に出演していた。大劇は観客収容二七八〇人を誇り、「東洋一の映画殿堂」と謳《うた》われた大劇場である。三波は以前からの友人だった玉川良一に誘われ、大阪行きを決めた。フランス座から大劇への移籍は大出世に感じただろう。だが、東京と大阪の文化の違いは今よりもずっと大きく、東京の言葉は受け入れられなかった。

「結局、うまくいかなくなって、東京に帰ってきたんです。じゃあ、またやろうかということになったんだけど、ここで伊藤を外すのも可哀想だから、三人でやろうかって。だから、もともとトリオでやってくつもりじゃなかったんですよ。便宜的に三人だけど、いずれ二人になるかもしれないという気持ちではじめたんです」

同じころ、石井均一座が解散の危機にあった。石井が大阪の曾我廼家十吾《そがのやじゅうご》から一本釣りされていたのである。曾我廼家十吾は松竹新喜劇の作者兼役者であり、このときは退団して松竹家庭劇（第二次）を率いていた。石井はスラップスティックなギャグを称賛されていたのだが、心の底では「ペーソス」のある芝居を渇望していたようだ。

新宿の人々に愛された石井の大阪行きに対しては、反対の声があがった。そのなかの一人が、まだ柳家小ゑんを名乗っていた若き日の立川談志である。談志は松竹文化演芸場に漫談で出ており、石井均一座も見ていた。談志の『現代落語論』には次のように書かれている。


当時均ちゃんはいろいろと劇団内部にゴタゴタもあって、十吾さんの下での修業は役者冥利につきると、新宿を離れて行った。

わたしは反対だった。

〝均ちゃんは、その昔、山の手の文化が徳川夢声の武蔵野館であり、やがて、ムーラン、そして今は均ちゃんが新宿の文化なんだから、絶対新宿にいるべきで、大阪へ行っちゃアいけない、新宿のアイドルでいるべきだ〟

石井は周囲の声に耳を貸すことなく、一九六一年十月に一座を解散し、大阪へと向かった。ちなみに、松竹家庭劇に加入してからの石井に弟子入りしたのが西川きよしである。

伊藤証が江東楽天地の舞台にフラッと上がってからおよそ三年半が経過していた。その間に喜劇役者にとって一番大切なことを学んだ。

「リアクション。その一言だなあ。〝いつでもリアクションをとれ。知らん顔するな〟って教わりましたね。

台本がなくて徹夜でつくった口立て芝居の初日なんて、言われなくてもリアクションをとりますよ。相手が何を言っているか聞かないと、自分のセリフが言えませんからね。あんなに真剣な目になったことはないんじゃないですか。

でも、三日もすると相手のセリフを覚えてしまう。そうすると〝知っている目〟になるんです。お客さんはそのセリフを初めて聞くわけですから、微妙にタイミングが狂うんですよ。本当はお客さんと同じタイミングでリアクションをしないといけない。芝居はリアクションだという教えは、今も肝に銘じています」

伊藤証は二十五歳までに一人前にならなかったらやめようと思っていた。だが、三日やったらやめられないのがこの世界である。一座が解散したとき、残された仕事はキャバレー回りしかない。そして、伊藤証は翌年二十五歳を迎えようとしていた。

てんぷくトリオ誕生

キャバレー回りがコンビからトリオになり、はじめは「三波・戸塚・伊藤トリオ」を名乗っていた。だが、長すぎてキャバレーの司会者が覚えてくれない。「名前くらい付けなさいよ」とせっつかれ、とりあえず付けた名前が「ぐうたらトリオ」である。

伊藤証からみて、年齢は三波が七歳年上、戸塚が六歳年上だった。二人とも役者の先輩であり、もともとは新宿フランス座の客席からファンとして見つめていた存在だ。リーダーはもちろん三波であり、伊藤証はトリオのなかの三番手だった。

「三波は生まれながらのお山の大将で、絶対的なリーダーでした。ひょっとしたらこっちが正しいかなと思うときも、有無を言わせませんから。戸塚はもうあっけらかんとしてて、欲も何もなく、食えりゃいいっていう人。そんな三人だったから、うまくいったんじゃないですか」

三波伸介は一九三〇年、東京の根津に生まれ、幼いころから父に連れられ舞台や映画を観て育つ。十歳のころに児童劇団で初舞台を踏み、日本大学藝術学部映画学科を中退してからは新劇や旅芝居の一座を転々とし、二十五歳のときに女剣劇の浅香光代一座に入座した。女剣劇は女性が主役の剣劇で、一九五〇年代に浅草を中心にブームを起こしていた。三波はそこで座員だった戸塚と出会い、殺陣《たて》を身につけている。その後、新宿フランス座に入り、「石原裕次郎はタフガイ、小林旭はマイトガイ、三波伸介はモンダイガイ」のフレーズで名前を売った。放送作家の前川宏司《こうじ》はフランス座時代の三波を見ており、「当時からオーバーな演技を見せながら、うまいところでキュッとしめることができる役者」だったと書いている（『現代』一九七四年三月号）。

三波と戸塚は剣劇の素養があるため、トリオのネタもそれを活かしたものが多かった。代表作に居合抜きをギャグにした『武芸アラカルト・巻の一』や、国定忠治《くにさだちゅうじ》のパロディ『名月《めいげつ》赤城山《あかぎやま》』がある。

「居合抜きや『名月赤城山』はキャバレーのころからやってました。そんなにたくさんネタがあるわけじゃないんで。夏場になると幽霊が出てくる怪談をやりましたね。私が幽霊の役で、懐中電灯を顔の下からワーッと照らしながら、火のついたロウソクを持って客席を回っていくんですよ。そのとき飲んでる客から〝おまえ、伊藤じゃないか〟と言われて、よく見たら高校時代の同級生でした。〝伊藤なんて俺は知らない！〟なんて言いながら回ってましたけど、あんときはちょっとショックだったですね。あっちは飲んでる客で、こっちはお化けやってる（笑）。

キャバレーは何軒も掛け持ちしてましたから、次から次へ回るんですけど、着替えてる時間がないんです。顔も落とさずに白い幽霊の格好のまま電車に乗ったこともありました。ものすごい強行軍でしたね。

そのころはキャバレーが生活の中心でしたから、昼間は暇で夜に働くわけです。夜の蝶ですね。今でもギャラを覚えてますけど、どういうわけか三軒やって二千円。割り切れないんですよ。どんなシステムになってたのか。地方へは北海道から九州まで行きました。北海道は釧路、札幌、函館と回ります。九州も博多から鹿児島まで。飛行機なんて乗れませんから、すべて三等車です。

新宿のキャバレーでは、坂上二郎さんが司会をやってました。もちろんコント55号の結成前です。〝今日はどんなネタでいく？〟なんて言って打ち合わせをしたことがありますよ。キャバレーの名前は〝女王蜂〟とかいったかな」

そんなぐうたらトリオにも、少しずつテレビ出演のチャンスがめぐってくる。三波による積極的な売り込みと、フジテレビの大島正俊ディレクターが引き立ててくれたおかげで、林家三平主演のコメディ『一二の三ちゃん』（月曜十二時〜十二時十五分）や、後続番組の『飛び出せ三ちゃん』に出演できた。さらに三平が日劇に出演する際、コントの相手役として呼んでくれた。

日劇は有楽町にそびえ立つ東京の代表的ランドマークで、定員二九〇〇名の大劇場である。当時の興行は映画と実演の二本立て、実演は歌謡ショウや喜劇公演、日劇ダンシングチームのレビューなどが行われていた。歌謡ショウやレビューであっても、合間には喜劇が入るため、大劇場の客を沸かせられる喜劇人が必要とされた。戦後の日劇には、脱線トリオや渥美清、クレイジーキャッツなどが出演している。日劇は喜劇人にとって、憧れの檜舞台だった。

伊東によれば、ぐうたらトリオの日劇初出演は「北原謙二ショー」だったという。時期については資料によって異なるが、『日劇レビュー史』の上演記録を見ると、一九六三年五月に『若いふたり』のタイトルで北原謙二のワンマンショウが行われており、出演者に林家三平の名前もある。おそらくこれではないだろうか。伊藤証二十五歳のときである。

「看板に名前は出ませんでしたが、日劇に出られたことはこの世界に入って一番うれしい出来事でした。三波も喜んでたと思いますよ。これがきっかけで、日劇に何度も出してもらえるようになりました。

演出は塚田茂《しげる》さんです。やたら笑いの好きな人で、いつも笑いをつくることばかり考えてました。台本を書きながら〝ここがこうなって、ウッフフ〟なんて自分で笑っちゃうような、そんな人でしたね。

私たちが出るときは一応、構成台本があるんですけど、〝コントは別紙〟と書いてありました。別紙を探してもないんです。おまえらが考えろってことだったんですね。でも、キャバレーと同じネタはやりませんでした。日劇のような大きな劇場では、ちまちましたコントじゃダメだってことを学びましたね。ちょっと大きめの動きをするコントをやらないと、お客さんが納得しないんです」

再び日劇の上演記録を確認すると、初出演の後、三人は定期的に日劇に出ているが、出演者は「三波伸介・戸塚睦夫・伊藤証」の個人名表記になっている。そして、一九六四年三月、『日劇春のおどり』のときに初めて「てんぷくトリオ」の名前が登場する。

「ぐうたらトリオなんて名前じゃ、丸の内に出せないって言われまして。東宝さんが付けてくれたのが〝てんぷくトリオ〟。脱線トリオのあとだから〝転覆〟になりました」

このとき、伊藤証も改名を迫られている。三波と戸塚が四文字のため、同じく四文字にそろえることになった。付いた名前が伊東四朗である。

トリオブーム

一九六四年十月十日、ファンファーレが高らかに鳴り響き、東京オリンピックの開会式がはじまった。雲ひとつない青空に、ブルーインパルスが五色のスモークで五輪マークを描く。中野に住んでいた伊東が窓を開けて空を見上げると、その五輪マークが見えたという。東京オリンピックは国内カラー中継があり、「テレビオリンピック」と言われた大会である。テレビは一九五三年に本放送を開始してから十一年が経過し、白黒テレビの普及率は八七・八％に達していた。

「親父とおふくろにテレビ受像機を贈った記憶がありますけど、自分の家に買ったのは東京オリンピックを見たかったからです。カラーテレビは手が出なかったんで、白黒でした。そのとき見てたバラエティが『夢であいましょう』。こういう番組に出られるようになんなきゃダメだ、なんて思ってましたね」

ＮＨＫの『夢であいましょう』は一九六一年から一九六六年まで放送された、テレビ草創期を代表するバラエティ番組の一つである。永六輔が構成を手がけ、歌とコントとトークがテンポよく進んでいく。黒柳徹子や坂本九が出演し、渥美清がコントで巧みにアドリブを交ぜ、軽妙な笑いを起こしていた。

一九五〇年代、ＮＨＫを皮切りに民放各局が続々とテレビ放送を開始した。いつの時代も、既存メディアは新興メディアを警戒する。テレビは「電気紙芝居」と呼ばれて忌避されたため、独自のスターを育成しなければならなかった。コメディアンに関して、テレビが目をつけたのはストリップ劇場の出身者であり、その最初のスターが「脱線トリオ」である。由利徹、南利明《としあき》、八波《はつば》むと志《し》の三人は、一九五六年に日本テレビの『お昼の演芸』に出演するにあたってトリオを組み、一気に人気者になった。

浅草フランス座を抜けた渥美清も、当初は関敬六、谷幹一と「スリーポケッツ」を結成してテレビに進出した。トリオ解消後の一九六〇年代には、『夢であいましょう』やテレビドラマ『若い季節』に出演し、全国的な人気を獲得する。さらには映画の主演も務めるようになり、渥美は喜劇役者として大成していった。

ストリップ劇場出身の喜劇人たちが活躍を見せるなか、渥美らと同世代の三波は、ようやく日劇の看板に名前が出るようになったところである。三波はすでに三十代半ばに差しかかっていた。

「三波は変な人で、焦らなかったですね。同期がどんどん出てきてましたから、本当は焦ってたのかも分かりませんけど、それを私なんかに見せるのは嫌だったのかもしれない。それこそ野暮を嫌ったんじゃないですか」

突然、てんぷくトリオに追い風が吹いた。テレビ界に演芸ブームが巻き起こり、各テレビ局が演芸番組を軒並み増やしていったのである。なかでも一九六三年にスタートした『大正テレビ寄席』からは次々に新しいトリオが登場し、演芸ブームはいつしか「トリオブーム」と呼ばれるようになった。てんぷくトリオは一九六四年から出演し、「びっくりしたなあ、もう」という流行語を生んだ。そして、一九六五年十月からは『テレビ演芸場』の司会を務め、トリオブームの先頭を走ることになる。

「あれは仕掛け人がいたわけじゃないんですよね。私らだって、トリオを組もうって組んだわけじゃないですから。でも、そのおかげでわれわれが押し上げられました。いろんなトリオがいましたよ。トリオ・スカイライン、トリオ・ザ・パンチ、ナンセンス・トリオ、じん弘とスリーポインツ……。とにかくトリオを組めばテレビに出してもらえる時代でしたね」

ブームの最中に、てんぷくトリオはクレイジーキャッツと共演している。クレイジーはストリップ劇場出身のトリオとちがい、ジャズ喫茶から出てきたコミックバンドだ。演芸ブームがテレビの世界の出来事であるのに対して、クレイジーはテレビから映画、舞台、音楽までを席巻する活躍を見せ、一九六〇年代にクレイジーキャッツの黄金時代を築きあげた。

てんぷくトリオは、クレイジー主演のバラエティ番組『シャボン玉ホリデー』にゲスト出演している。放送日は一九六六年二月二十七日、タイトルは「トリオで行こうピーナッツ」だった。伊東の父は、クレイジーとの共演をことのほか喜んでくれた。父はその共演を見届けた翌月に亡くなっている。

「〝お呼びでない〟のコーナーはよかったですねえ。みんなでトリオについて話してるところへ植木さんが来て、〝塗料はコレにかぎる〟って顔にペンキを塗っていくコントでした。最後に〝お呼びでない？　お呼びでないね。こりゃまた失礼いたしました〟。本番中なのに噴いちゃいました。

父はその番組を見て、〝植木と出るようになりゃ大したもんだ〟と言ったそうです。それが私への最期の言葉だったんだなあ」

てんぷくトリオはようやく世に出ることに成功した。だが、ブームはいつか必ず終わる。そもそもトリオといっても、彼らは自らを一人一人の役者と自覚していた。ブレイク直後のてんぷくトリオを取材した記事のなかでも、三波は「あくまで小劇団のつもりでいる。ストーリーで押す面白さに徹底したい」とコメントしている（『週刊現代』一九六六年三月十日号）。彼らはブームを一歩引いた目で見つめていた。

そんなとき、東と西で二人のテレビマンに出会った。彼らはテレビバラエティの基礎をつくり、のちに日本のテレビ史に名を残す人物だ。てんぷくトリオは彼らとの出会いによって、新境地が拓かれていった。

その二人とは東の井原高忠《たかただ》と西の澤田隆治《たかはる》である。

井原高忠と『九ちゃん！』

「井原さんに拾ってもらったことが、てんぷくトリオにとっても私にとっても最大の出会いでした。

日本テレビで『九ちゃん！』という坂本九さんの番組をはじめるにあたって、コミックトリオを出そうっていうんで、ほかのトリオも候補にあがってたんですよ。私らは〝宮本ムサクルシ〟〝荒木マタズレ〟なんてやってましたから、九ちゃんの洒落た番組に選ばれるわけないと思ってた。でも、井原さんがてんぷくでいくと言ってくれたらしいです。なぜ選ばれたか今もって分かりません。

井原さんには徹底的に鍛えられました。鉄は熱いうちに打てと言いますけど、本当に熱いうちに打たれましたね。プロとは何ぞや、ということを井原さんから教えられました」

井原はショウビジネスのプロフェッショナルだった。持論は「ショウビジネスは時間と金と才能をかけなきゃいけない」。一九五九年に初めて渡米してニューヨークでショウビジネスの真髄を会得し、日本のバラエティ番組を次々と生み出していった。

みなは畏敬を込めて「ターさま」と呼ぶ。洗練された都会人で、服はいつもオーダーメイド、毎年ニューヨークに行けるようになると、そのたびに流行のワイシャツをしこたま買って帰った。五十歳で会社をやめ、その後ハワイに移住してアメリカ国籍を取得するなど、最期まで自らの生き方を貫き通した。

そのスタイリッシュな生き方には、育ちが影響しているのかもしれない。井原の生い立ちは、刊行されている二冊の自伝を読むと、いささか浮世離れした話題に事欠かない。一九二九年、井原は三井家の分家に生まれた。叔母は占領期の昭和電工事件の際、ＧＨＱ要人の愛人として名前が出る子爵夫人の鳥尾鶴代である。井原家の住まいは世田谷区にある千坪の家、昭和の初めに自家用車と電話と電気冷蔵庫があった。学習院の中等科では馬術部に入り、放課後に真っ白な乗馬服を着て白馬に跨がり、目白から女子学習院のある高田馬場まで行った。終戦後は実家が斜陽族になったが、大学時代に進駐軍クラブで演奏するバンドを結成して稼ぎ、卒業後は開局したばかりの日本テレビにコネで入社している。日本初の本格バラエティ番組『光子の窓』は、井原が二十八歳のときの企画だ。

一九六五年にスタートした『九ちゃん！』は、文字通り時間と金と才能をかけた番組である。台本づくりは、複数の放送作家を都内のホテルの一室に缶詰めにして合作させた。作家陣には井上ひさしや中原弓彦（小林信彦）をはじめ錚々《そうそう》たるメンバーが名を連ねている。井上によれば、ギャラはＮＨＫの『ひょっこりひょうたん島』が一本一万円だったのに対して、『九ちゃん！』は二本分で二十万円だったという。収録はスタジオではなく、渋谷公会堂をはじめ一〇〇〇人規模の劇場を借りて公開で行われた。その際、日本で初めてワイヤレス・マイクを導入している。最初は希望しても日本テレビの技術局が拒否したため、井原が自腹で購入して使った。

現在のバラエティ番組はコントならコントだけ、トークならトークだけの構成になっているが、井原にとってのバラエティはvariety（多様性）を必要とした。関連性のない芸を一つの流れに配列することで意外性を生み、かつ個々の芸が一級品でなければならない。井原の表現でいえば、国宝級のオペラ歌手の次にオットセイの玉乗りが出る、それがバラエティなのだ。

『九ちゃん！』は歌も踊りもコントもあり、毎回多彩なゲストを迎えた。レギュラーは坂本九とてんぷくトリオのほか、途中からまだ中学生の小林幸子が「チビッコトリオ」の一員として参加している。出演者は徹底的に稽古してアドリブを認められず、全員プロの芸を見せることを要求された。

「歌でも踊りでもいい加減にやるなんてことを絶対に許さない。横文字の歌を歌わせておいて、音が四分の一ズレてもダメ。〝できるまで帰さないよ〟って言われました。本番は渋谷公会堂で満席のお客さんを前に生バンドで歌うわけですから、ビビりますよ。ドイツから来たケスラーシスターズというダンサーと一緒に踊らされたこともありました。

バイオリンを渡されて〝一週間で弾けるようになってこい〟と言われたのにはまいりましたね。長男が生まれたばかりで、六畳一間に住んでましたから、部屋でバイオリンを弾くと泣くんですよ。そりゃそうですよね、初心者のバイオリンの音ほど神経に障るものはないですから。仕方なく、近くの墓場に行って練習しました。夜中にひゅるひゅる弾いてましたから、近所の人はビックリしただろうと思うよ。

コントも金と時間をかけてやってましたね。コントのなかに木戸を壊すギャグがあったんですけど、稽古のときにスタッフが〝ここは壊れたつもりで〟なんて言ったら、井原さんが怒りましたね。〝壊せ。費用のことは言うな。俺は日テレより金持ちなんだ〟。稽古のために何枚も用意しておくのが当たり前なんですよ。ここらへんで妥協するということがない人でした」

あるとき、本番が終わって台本を持って帰ろうとすると、裏側に井原の自筆で次のように書かれていた。

「伊東様、コメディアンというものは歌い手より歌がうまく、踊り手より踊りがうまいものなのですよ。来週もよろしく」

井原はその言葉の真意について、自らの著書で次のように説明している。

コメディアンは、本当の歌手よりうまく、本当のダンサーよりうまくなければいけない。しかも、それをこれ見よがしに出さないでコメディをやるから価値があるんだと。そういうことに非常に感銘を受けてくれたのが伊東さんなの。

本当にそうまくなくても、その域に達するまで鍛錬をする、ということが言いたいの。やっぱり鍛錬すれば歌もうまくなるし、鍛錬すれば踊りもうまくなるし、そういう素養がない人は、芸人として、エンタテイナーとして、価値がないのではないかと思うんです。

(『元祖テレビ屋ゲバゲバ哲学』)

井原の言葉は今も伊東の胸に深く刻み込まれている。

『九ちゃん！』に一度だけ晩年のエノケンが出演した。放送は一九六七年六月十七日、エノケンは五年前に脱疽《だっそ》のため右脚を膝の上から切断し、義足をつけていた。六十二歳である。エノケンは坂本九を養子にして芸を継がせたいと考えていたらしく、坂本もエノケンを芸の父と尊敬していた。だが、小林信彦の本には、片足を失った「喜劇王」を面白くするために苦心した話が書かれている（『日本橋に生まれて』）。

『九ちゃん！』の映像はほとんど残っていないが、一九九三年十二月二十三日放送の『TVジェネレーション』に伊東がゲスト出演した際、坂本の妻である柏木由紀子が所持していた映像が流された。エノケンの出演回である。

エノケンと坂本が椅子に座って二人だけのトーク場面、坂本が「第二のエノケンと言われるように頑張ります」と言うと、エノケンが「芸は全部教えるから、それを土台にして、エノケンなんかよりずっと上の大タレントになってもらいたい」とエールを送った。だが、坂本が、椅子から立ち上がろうとしたエノケンの手を取った瞬間、舞台に緊張が走った。エノケンはその手をさっと振りほどき、次のように言った。

なにすんだ、あんた。余計なことすんなよ。いくらせがれだって、偉そうに手なんかもって、なんだよおまえ。僕はこれでも俳優だよ。ここは舞台だよ。人に手もって歩いてもらうなんてことできるか。

（笑顔になって）ま、その気持ちはうれしいよ。どうも、ありがとう。どうも、ありがとう。

「喜劇王」の矜持が垣間見えたシーンである。晩年のエノケンは「喜劇人は同情されたらおしまい」が口癖だった。その言葉に対して、伊東も「ほんとその通りだと思います」と語った。

澤田隆治と『てなもんや三度笠』

澤田隆治は「魔王」と呼ばれ、恐れられていた。身長百七十六センチ、体重八十キロ、当時としては大男である。『てなもんや三度笠』の脚本を担当した香川登志緒《としお》は、初対面の印象を次のように語っている。「澤田君はあの巨体で、黒いポロシャツに黒いマンボズボンをはいてましてな、体は毛むくじゃらでねえ、とっさに思い浮かべたんが、シューベルトの魔王のイメージだった」（『宝石』一九八一年六月号）。

演出の厳しさは有名で、台本がつまらなければ稽古中でも香川に書き直しを命じ、芸人やタレントにも容赦ない物言いで指導した。それで良い結果を出しているのだから、誰も文句は言えない。一九六〇年代、澤田は大阪の朝日放送のディレクターとして『てなもんや三度笠』をはじめ週三本のコメディ番組を担当し、その視聴率合計が一〇〇％に達していた。元祖視聴率一〇〇％男である。澤田は三十代にして、大阪コメディ界に君臨する存在だった。

「それまで澤田さんとお会いしたことはなかったんですけど、東京にも評判は聞こえてましたね。『てなもんや』に出た芸人たちが〝すごい人だ〟と言ってましたよ。まあ、要するにいじめられたみたいで。〝東京はそんなんでウケまんの？　ええとこでんなあ〟なんて言われて、ガックリしてました。

『てなもんや』に出してもらったのは、朝日放送に『シャボン玉寄席』という番組がありまして、それと並行してだったと思います。出ると決まってからは〝そんなとこへ乗り込んでって俺たち大丈夫かな〟って言ってましたね」

澤田は一九三三年、大阪の吹田《すいた》の生まれである。父の仕事のため二歳から京城《けいじょう》（現・ソウル）で育ち、終戦後は父の実家がある富山県高岡市に引き揚げた。高岡は空襲にあわなかったため映画館がいくつも残っており、中学生の澤田は毎日のように映画館に通った。とくにそこで見たエノケン映画によって喜劇の面白さに目覚めたという。大阪生まれでありながら、のちに東京の喜劇人とも数多くの仕事ができたのは、笑いの原点がエノケンにあったからかもしれない。一九五五年に神戸大学を卒業し、ラジオ局の朝日放送に入社した。みながラジオドラマや音楽番組を希望するなか、「笑いをやりたい」という者は異端だった。澤田は寄席中継などの演芸番組を担当し、その後テレビに移る。

『てなもんや三度笠』（日曜夜六時〜六時三〇分）は、藤田まことと白木みのるのコンビが各地をめぐる股旅物《またたびもの》の時代劇コメディである。一九六二年から一九六八年まで全三百九回放送され、平均視聴率は東京二六・六％、大阪三七・五％を記録した。ゲストに東京から脱線トリオや堺駿二《しゅんじ》らに加え、エノケンや柳家金語楼といった大物までを呼び、関西の若手コメディアンを全国に紹介する役割も担った。東西の文化差が大きい時代に、『てなもんや』は東と西の笑いをつなぐ場になったのである。

番組は中之島にあるＡＢＣホールでの公開収録だった。前日に立ち稽古、当日は朝からリハーサルを繰り返し、十二時十五分から昼休みのサラリーマンを観客にして収録を行った。セットは各地の宿場の雰囲気を出すためにロケハンまで行い、本物の砂や植木を使ってリアルさを追求している。『てなもんや』はカット数が通常のコメディ番組の倍ほどあり、細かいカットを重ねてスピーディでテンポ良く進む。撮り直しのできない公開収録でそれを実現するためには入念なリハーサルが必要で、台本は電話帳のように分厚かった。澤田は本番でのアドリブを禁止し、細かな動きまで計算して喜劇をつくり込んでいった。

てんぷくトリオは、番組後期の一九六七年四月からレギュラーとして出演した。澤田によれば、事務所の売り込みもあったが、『九ちゃん！』での活躍を見たことが決め手になったという。配役は三波が河内山宗俊《こうちやまそうしゅん》、戸塚が暗闇の丑松、伊東が中村雨之丞という女形だった。

「澤田さんは台本を読んで、〝伊東ちゃん、今日はどこでコケようか？〟って、そこからはじまるんです。どこで崖から落ちるか、どこで池にハマるか、先にギャグをつけてから稽古。私は毎回コケてましたね。

毎週、大阪に出向いて、真夜中までずっと稽古です。一度ホテルに帰って休んでからホールに行くんですが、もう澤田さんがいるんですよ。帰ってないんですね」

『てなもんや三度笠』は残った映像がＤＶＤ化されており、若き日の伊東が派手にコケる姿を今でも見られる。澤田は当時の伊東を回想して次のように語っている。

その中で伊東さんはなにかといえばこけまくり、セットに小川があれば必ずそこにはまって水びたしになって笑わせる。それは何とか伊東さんで笑いがとりたくて動きのギャグを考えた成果で、ＤＶＤに見事に記録されている。いつもセットに一番乗りして熱心にリハーサルを繰り返すてんぷくトリオの姿が、ともすれば人気によって緩みがちになるレギュラー陣に緊張感をもたらしてくれたことに私は感謝していた。（『日本経済新聞』二〇一〇年八月十九日夕刊）

伊東は二十代の終わりに井原高忠と澤田隆治に出会い、鍛えられた。二人は東と西、バラエティとコメディの違いはあれど、ともにプロフェッショナルで、ドライな笑いを好み、強烈な個性のもち主だった。そして、徹底的に稽古して出演者に完璧なものを要求する。今では想像しがたいが、その行き方はテレビの番組づくりの王道だった。

「あのころは稽古日があって当たり前でしたね。今は稽古っていうのを聞かなくなりました。ほとんどトーク番組で、稽古するようなものをやってませんから。昔はよくコメディ中継をやってましたね。どの局も枠をもってました。そういう意味では、ちょっともったいないというか、今こそやるべきかなって。勢いのある人で三十分番組でもいいから、舞台中継みたいなものをやったらいいと思うんですけど。そんな面倒くさいこと、もうやらないだろうなあ」

座付き作家井上ひさし

「夏場危機を迎える〝トリオ〟」――『週刊読売』一九六八年七月十二日号の記事である。記事によれば、「お笑い番組」花盛りのなかトリオの活躍がめざましいが、裏ではトリオの「斜陽化」が話題になっているという。理由は番組が増えすぎた結果、どのトリオも同じネタを繰り返しているからである。ストリップ劇場の喜劇人たちを表舞台に上げたトリオブームが、まもなく終焉を迎えようとしていた。

代わって二組の新しいスターが台頭してきた。彼らも数多くの演芸番組に出演して人気を獲得し、さらには時代を席巻する怪物になった。ザ・ドリフターズとコント55号である。ドリフは一九六七年に初の冠番組をもち、二本の主演映画が公開された。『8時だョ！全員集合』のスタートはそれから二年後だ。一方、コント55号は一九六八年に人気が爆発し、ピーク時には週十三本のレギュラー番組に出演している。以後、両者はライバルとして熾烈な視聴率争いを繰り広げていく。一九七〇年代のテレビ界は彼らの時代だった。

だが、この時点のドリフとコント55号は、トリオと同じ問題を抱えていた。テレビは寄席や劇場と違い、一度に何百万人もが視聴する。そのためどれほど持ちネタがあっても、テレビに出続ければ必ずネタが枯渇した。新ネタを求められても、売れっ子になればなるほど時間がない。従来の芸人や喜劇人にとって、テレビは諸刃の剣だった。このテレビというメディアの特性を見抜き、いかに対処するかが、生き残るためのカギとなる。

ドリフ、コント55号、てんぷくトリオの三者はたえず新ネタをやり続ける方針を掲げた。だが、そのための手法がそれぞれ異なる。ドリフは時間をかけて稽古してネタづくりをするために、出演番組を絞った。コント55号は浅草で培ったアドリブを駆使し、稽古なしでも状況設定だけでコントを成立させた。二組のライバルは正反対の戦略をとったのである。一方、てんぷくトリオは井上ひさしを座付き作家にして台本を書いてもらった。ドリフやコント55号にも放送作家の協力はあったが、井上ひさしという稀代の才能を得たことが、てんぷくトリオの大きな強みになる。

「『九ちゃん！』で井上さんに出会って、ほかの演芸番組のネタも書いてくれないかってお願いしたんです。旅館に缶詰めにして、逃げないように私がお目付け役になりました（笑）。

遅筆の井上さんですから、台本はいつもギリギリです。ほとんどが生放送なんですけど、セットと小道具がそろってて、本だけがない。これじゃ間に合わないっていうんで、三人でいろいろ考えてるところへ、お弟子さんが汗をかきながらナマゲン（生原稿）を持ってくるわけです。それを一読二読くらいしただけで飛び出してました。

助かったのは、生放送でも時間がきっちり決まってなくて大雑把だったんですよ。あれを何分でやれって言われたら、とてもできませんでしたね」

井上は一九六八年秋から一九七〇年末までの二年間にわたり、百五十六篇のコントをてんぷくトリオに提供した。題材は医師と患者や警官と犯人といった定番のものから、全学連、労働争議、万国博など時事を取り入れたものまで幅広い。なかには前衛劇を感じさせるコントもあり、のちに新劇の研究所がテキストとして使用したこともあった。

近年は「ショートコント○○」と言って短いネタを連ねるスタイルも多いが、伊東は「長い芝居をギュッと圧縮したものがコントだと思う」と語る。コントはあくまでも芝居であり、筋を必要とする。その観点からいえば、井上のコントはまさに一つの芝居だった。登場人物は三人しかいないが、そのなかに対立があり、置かれた立場の逆転がある。それが短い時間にめまぐるしく展開されるから余計に可笑しい。三人のキャラクターだけに頼らず、ドラマから生まれる笑いである。井上のコントは、剣劇ネタの多かったてんぷくトリオに劇的な変化をもたらしたことだろう。

「井上さんのコントは難しくてね、人格がコロコロ変わるんですよ。汗かいた覚えがあります。われわれにはとっても苦手な台本で、三波は嫌がってました。頼んどいて嫌がっちゃいけないんですけど。でも井上さんのおかげで、てんぷくトリオは長持ちしましたね。

今までいろんなコントをやってきましたけど、一番オチがウケて大爆笑になったのは井上さんの死刑囚のコントです。私が死刑囚で電気椅子に座ってて、三波が執行人。法務大臣から電話が鳴るたびに私がビクッとする。いろんな積み重ねがあって、最後に執行の電話がかかるわけです。執行人がブレーカーをドーンと上げると、私が〝ウッ、アッ、クッウウウ……あのー、電気来てませんけど〟。渋谷公会堂の客席が〝ウワーッ〟となりましたよ。あんなことはもう、それ以降なかったですね。井上ひさしという人は、やっぱり非凡な人なんでしょう。

そのときは、電気椅子もブレーカーも本物に見えるようにきちんとしたセットをつくってもらいました。こういうコントはパイプ椅子に何かをくっつけたようなものじゃウケないんですよ」

井上のコントはすべてがそのまま演じられたわけではない。オチを変えたものや、そもそも原稿が途中までしかなく、「あとはよろしく」と書かれたものもあった。そのため、現在出版されているコント台本には、三人の工夫も入っている。

井上はてんぷくトリオに信頼を寄せていた。次の文章は、座付き作家を務めていた一九六九年の時点に書かれたものである。

三波さんは才能に恵まれた台本作家である。私の台本は特に落《おち》が弱い。その落をいつも、より良く変えてくれるのは三波さんである。私の本の落が弱いのは、私が新劇の本書きだからである。新劇の本書きは、自分にも良く判らない事を、判らないままに書く。そうすると、朝日新聞などが、大いに取り上げてくれる。だが、それは間違いである事を、〈てんぷくトリオ〉と一緒に仕事をしている間に学んだ。その成果を私は新劇に持ち帰るつもりである。（『笑劇全集 完全版』）

井上によれば、コントは「言葉、ことば、コトバ」の芝居である。井上はその芝居を、「台詞《セリフ》術が確か」なてんぷくトリオと一緒につくりあげた。その経験が井上ひさしの劇世界を育んだ面もあるだろう。伊東は井上のおかげで長持ちしたと語るが、井上もまた、てんぷくトリオとの仕事を経て劇作家として飛躍したのだ。

座付き作家を終えてから二年後の一九七二年、井上は『道元の冒険』で第十七回岸田國士《くにお》戯曲賞、『手鎖心中《てぐさりしんじゅう》』で第六十七回直木賞を受賞している。

第四章

「B級バラエティの王様」として疾走

――藤田まことさんが私の目をのぞき込んで、“四朗ちゃん、あんた大丈夫か?”って本気で心配されました

秋葉原の電気街で「電線音頭」を踊る伊東四朗。左は小松政夫
(写真提供：スポーツニッポン新聞社／時事通信フォト)

小松政夫との出会い

「シャボン玉ルルルルルルル〜」――ザ・ピーナッツがテーマソング（作詞・前田武彦／作曲・宮川泰）を歌い、『シャボン玉ホリデー』の収録がスタートした。スタジオの片隅にはゴザが敷かれ、クレイジーキャッツのメンバーそれぞれのボーヤ（付き人）が待機している。三十分番組のなかに着替えが複数回あり、収録を途中で止めないため素早く着替えなければならない。それを手伝うのがボーヤの仕事だった。一九六四年一月から植木等のボーヤになっていたのが小松政夫である。

てんぷくトリオがゲスト出演した一九六六年二月二十七日も、小松がスタジオにいたはずだ。そのとき伊東四朗二十八歳、小松政夫二十四歳、のちに名コンビと呼ばれる二人は、すれ違っただけで言葉を交わしていない。

伊東は「九州の人には好感のもてる人が多かった」と語る。小松は生粋の博多っ子だった。一九四二年一月十日、小松は博多祇園山笠《やまかさ》で有名な櫛田《くしだ》神社のそばで生まれた。本名は松崎雅臣《まさおみ》である。『シャボン玉ホリデー』に同じ名字の松崎真が出演していたため、小さい松崎を略して「小松」と呼ばれ、のちに芸名となった。子どものころから博多弁で「ひょうげもん」（ひょうきん者）、「のぼせもん」（すぐに熱中する人）と言われて育った。小学生にしてバナナの叩き売りや蛇の薬売りなどの香具師《やし》の口上を覚え、友達を集めて「まさ坊演芸会」を開いて披露したという。それがコメディアン小松政夫の原点だった。

高校卒業後、役者を志して上京するが、俳優座養成所に入るための入学金が払えず断念した。それからは職を転々とし、二十歳のときに横浜トヨペットに営業として入社する。するとロ八丁手八丁で車を売りまくり、またたく間にトップセールスマンに昇りつめた。さらには宴会でいつも盛り上げ役を買って出たため、宴会男として各営業所から引っ張りだこだった。のちに小松のギャグになった「どーかひとつ」や「知らない、知らない、知らない」はサラリーマン時代の同僚や上司の口癖だ。大卒初任給の十倍近くを稼ぐまでになったが、やはり役者への夢は捨てられなかった。週刊誌に掲載された「植木等の付き人兼運転手募集」の広告を偶然目にして応募し、約六百人のなかから採用された。

小松は植木を「オヤジさん」と呼んだ。十三歳で父を亡くした小松は生涯、親父として師匠として植木に尊敬の念を持ち続けた。ボーヤの仕事は多忙を極めたが、そのかたわら『シャボン玉ホリデー』のコントに出演するようになり、少しずつ人気が出はじめた。そして、付き人になってから三年十ヶ月目に独り立ちする。植木が渡辺プロダクションと交渉し、契約の手筈をすべて整えてくれた。運転中に植木からそのことを告げられた小松は、涙があふれて運転できなくなり、車を停めて泣き続けた。しばらく時間をおいてから、植木が小松に声をかけた。「別に急がないけど、そろそろ行こうか」。

師から独立してまもなく、小松と伊東が邂逅する。二人は一九六八年に日本テレビで放送された『只今ヒル休み！』で初めて言葉を交わした。だが、伊東はてんぷくトリオとしての出演であり、コントの共演はなかったようだ。

コントの初共演は一九七〇年にスタートしたTBSの『お笑いスタジオ』だった。この番組は生放送のバラエティで、総合司会を柳家小三治《こさんじ》が務めていた。小三治は番組の内容について次のように記している。


チョーンと柝《き》が鳴って、はじまり、はじまりっていうと、出てくるのはドサまわりの一座です。私が座長で、その下に番頭役で伊東四朗さん、サブに小松政夫さんがいた。中身はドラマ仕立てで、今日はこういう人が来てますって、歌い手とかコントの人とか噺家が出たりもしました。落語をやった人はいなかったかもしれませんが、談志さんが漫談をやったことはありました。

そして最後は、一座のものが芝居をやる。「国定忠治」だと私が忠治になって、伊東四朗さんが「親分、赤城の山も……」って言うと、それに私がどうとかこうとかこたえる。そういう番組でした。(『どこからお話ししましょうか——柳家小三治自伝』)

小松によれば、一座の芝居は「新解釈の桃太郎」や「新解釈のハムレット」などで、伊東が座付き作家兼演出家、小松が花形役者の役だった。旅回りの一座による劇中劇という形式は、雲の上団五郎一座に倣ったものだろう。まさに東京喜劇の水脈を引くバラエティであり、そこで二人が初共演を果たしたというのは運命的な何かを感じさせる。

とはいえ、その時点では二人ともまだまだ若手だった。伊東は番組での小松の失敗談を語ってくれた。

「その日行ったら、〝小松が来られない〟と連絡が来たことがありました。札幌の雪まつりに行ってて、完全にダブルブッキングですね。どうすんのかなと思ってたら、渡辺プロダクションが〝代わりに岸部四郎を押さえましたので、よろしくお願いします〟なんて。よろしくったって、コメディで役も決まってるから、そんなことできないですよ(笑)。

小松が酔っ払って生放送を忘れたこともありましたね。カメリハをはじめる時間になってもちっとも来ないんで、プロデューサーが家に電話したんです。そしたら、〝どうしたんですか？〟なんて言ってて、どうも朝まで飲んでてヘベレケらしい。話してるうちに急に思い出したみたいで、泡食って飛んで来て何とか間に合ったんですけどね。その日はエリオット・ネスが活躍する『アンタッチャブル』のパロディで、小松ちゃんがナレーションだったんですよ。すぐにブースに入ってやったんですけど、〝そのころぉ〜、えりぃおっとねすはぁ〟ってなって、〝ダメだこりゃ。伊東さんやってください〟と言われました。本番が近づくにつれて、やっと事の次第が分かったらしく、今度は酒がさめて青くなって、芝居にならなかったですね」

若気の至りもあったが、小松は「『お笑いスタジオ』はやっぱり僕の今の芸風のもとになった気がしますね」と語る(『週刊プレイボーイ』一九九五年十月二十四日号)。それは一九七〇年代に疾走する伊東・小松コンビの助走だった。

一本立ちのはじまり

今の漫才コンビやコントグループと異なり、当時のトリオはずっと活動をともにすることを前提にしていたわけではない。それまでストリップ劇場に出ていた者たちが、テレビ出演を目的にトリオを結成したのであり、いわばブームに便乗したかたちである。そのためブームの終息とともに多くのトリオが解散し、それぞれが再び一人の喜劇役者／コメディアンに戻っていった。

一方、てんぷくトリオは役者としてのソロ活動を早くからはじめており、トリオの仕事も途切れなかった。三波は最初からブームの先を見据えており、その戦略が功を奏したのだろう。三波は新聞の取材に対して、「他流試合でもまれなくては、いいトリオもできません」と語り、てんぷくトリオの目標は「各人が部品でなく、ひとり立ちでも走れるようになり、トリオもやる、俳優もできる」ことだという。記事によれば、最初に一人の活動をはじめたのは三波だった。三波は一九六六年に松竹映画『坊っちゃん』で山嵐の役を演じ、その後もＮＨＫの『ケンチとすみれ』やフジテレビの『事件とあいつ』などのドラマにレギュラー出演している（『読売新聞』一九六八年五月十八日夕刊）。

伊東は『九ちゃん』の後継番組として一九六八年十一月にスタートした『イチ・ニのキュー！』に単独で出演した。番組のリニューアルにあたり、歌って踊れる伊東だけが引き続きレギュラーに選ばれたのである。

「トリオのなかで一人だけが残ったんですから、三波も戸塚も面白くなかったでしょうね。でも、井原さんはそういう大英断をしてしまう人なんですよ。申し訳ないと思いながらも、私は私で誇りに感じてました。

うちらはトリオと言いながら一座なんで、三波も一人一人が仕事をすることは構わないと言ってましたからね。ただ、昭和四十四（一九六九）年に大河ドラマの『天と地と』に出たときは一番迷惑をかけました。撮影と稽古に週五日をとられて、トリオの活動がほとんどできなくなりましたから。そしたら三波が代わりに川崎敬三《けいぞう》さんを入れてやってましたね。その名前のままじゃ堅いというんで、つけた名前が〝川崎競輪〟（笑）」

三波は一九七〇年に二つの大きなチャンスをつかんだ。一つ目が黒澤明監督の『どですかでん』への出演である。『どですかでん』は黒澤初のカラー作品で、山本周五郎の『季節のない街』を原作としている。配役には伴淳三郎《ばんじゅんざぶろう》や渡辺篤《あつし》をはじめ多数の喜劇役者が起用され、三波は血のつながらない五人の子どもを養うお人好しの職人役だった。三波は強い意気込みで臨み、興行的には失敗だったが、黒澤作品として映画史に刻まれている。

二つ目が『笑点』の司会者への抜擢である。二代目司会者の前田武彦が多忙を理由に突然降板したため、一九七〇年十二月から三波が三代目を務めた。

『笑点』の前身は立川談志が企画した『金曜夜席』である。大喜利の回答に対して座布団をやりとりするシステムが画期的だった。一九六六年五月からは放送時間を日曜夕方に移し、番組名も『笑点』に改めている。初代司会者の談志はまだ三十歳ながら、前年に上梓した『現代落語論』が「落語のバイブル」と呼ばれ、さらには映画にも出演、一九六九年には国政選挙に初めて立候補するなど、話題を提供し続けた。

伊東はそんな談志が小ゑんと名乗っていた時代から見ており、談志も石井均一座の一員だった伊藤証を見ている。

「談志さんは伊藤証のときの私を認めてくれた人です。最後まで私のことを〝一等賞〟って呼んでましたよ。談志さんはちょっと照れるところが魅力でしたね。完全に照れちゃダメなんだけど、どこかにパッと照れがあると、とてもいいんですよ。あれだけ世の中に強い態度で出てたわりに、引っ込むとこはスッと引っ込む。その辺がいいなあと思ってました。

印象に残っているのは、談志さんが参院選に当選してすぐのときのことです。ちょうど私が車で国会の近くを走ってたら談志さんを見かけたんで、〝ヨウ、大将！　よかったね〟って声をかけたら、〝一等賞、大将はねえだろう〟と言われました（笑）。やっぱり照れてましたよ。

談志さんの番組に出たことはあるんですが、それが『笑点』だったのかな。ちょっと覚えてないです。たしか談志さんに呼ばれて、歌ってくれって言われたんですよ。横森良造《りょうぞう》さんのアコーディオンの演奏で、春日八郎さんの『雨降る街角』を歌わせてもらいました。談志師匠は春日さんが好きなんですよね」

落語界の風雲児の談志、多数のレギュラー番組をもつ人気タレントの前田武彦に対して、当時の三波にそこまでの存在感はなかった。では、なぜ司会者に起用されたのか。きっかけは一九七〇年二月にてんぷくトリオが「演芸コーナー」に出演した回である。

「北海道での収録だったんですが、大雪で飛行機が欠航になりましてね。前田武彦さんと座布団運びの三遊亭笑遊《しょうゆう》さんが来られなかった。それで三波が代わりに司会をやって、私が座布団運びをやりました。それがきっかけで三波が抜擢されたんだと思います」

三波は『笑点』を談志のブラックユーモア志向から一転して、今に続くアットホームな笑いに路線変更した。また、コントで培ったアドリブを活かし、メンバーの個性を巧みに引き出していく。その結果、視聴率は好調で一九七三年に歴代最高視聴率四〇・五％を記録する。『笑点』が国民的番組に成長するにつれて、三波もまた司会者として大きく飛躍していった。

三波と伊東が活躍の場を広げるなか、戸塚は一九六八年に一度倒れて入院している。仕事には復帰したものの、その後も入退院を繰り返した。肝臓に持病を抱えながら、それでも好きな酒をやめられない。いつの間にか戸塚だけが取り残されていった。

てんぷくトリオ最後の公演

昭和の三大喜劇王と呼ばれたエノケン、ロッパ、柳家金語楼はみな、晩年は生活に困窮した。事情はそれぞれちがうとはいえ、芸人や喜劇人がそれほど稼げた時代ではない。喜劇王でさえもそうなのだから、舞台の上から観客を笑わせている誰もが生きるのに必死だった。

キャバレー回りをしていたてんぷくトリオはテレビに進出し、ブームを乗り越え、生き残った。そして、それぞれが一本立ちしようとしている。二十五歳のときに六畳一間のアパート暮らしをはじめた伊東も、一軒家に住めるようになった。この仕事で食べていけると思ったのはいつかと聞くと、伊東は「食べられたときですよ」と笑う。

「この世界に入って何が一番うれしかったかって言ったら、飯が食えるようになったことです。私は自分が結婚なんかできないと思ってましたよ。だから、二十九歳で結婚できたときはありがたいことだなって。

てんぷくトリオの旅回りが三等車からグリーン車に変わったとき、〝ああ、潮目が変わったな〟って思いましたね。あるとき、たまたまグリーン車から外を見たら、小林幸子さんが一人で黒いコートを着て、衣装カバンを持って、ホームを歩いてました。〝おい、チビ〟って声かけて。私らはチビって呼んでましたからね。〝苦労してんだなあ〟なんてひとしきり話をして、〝それじゃあ失礼します〟って去っていきました。彼女はグリーン車じゃないわけです。その後ろ姿を見たとき、なんか悲哀を感じましたね。『九ちゃん！』で一緒のころはまだ十二歳ぐらいで、それから苦労したんですね。だから、『おもいで酒』がヒットしたときはとってもうれしかったですよ。

そういえば今着てるこの服、さっちゃんにもらったんです（笑）。今はチビって言っても、私よりでかいんですから。〝いまだにチビって呼んでくれる人は伊東さんだけよ〟って言われます。ほんと、周りがいなくなっちゃいましたんでね。九ちゃんも三波も戸塚も、チビって呼んでた人はみんないなくなっちゃいました」

三波と伊東は、亡くなる何年も前から戸塚の容態が厳しいと聞かされていた。それでも戸塚が退院すると、三波はできるだけトリオの仕事を入れるようにした。その方が心にハリが生まれるだろうと考えたのだ。三人で旅回りにも出かけた。移動中の寝台車のなかで、「ムッちゃん、大丈夫か」と声をかけながら、三波はずっと戸塚の体をさすり続けた。

戸塚は医師から酒をやめるようにきつく言われていたが、しばらくするとまた酒に手が伸びる。次第に顔色が悪くなり、コントでのトチリも多くなった。

「戸塚は酒が好きでね。肝臓だったもんだから、げそっと痩せてイメージがうんと悪くなりました。太ってボテッとしてる戸塚をパンパン引っ叩くから面白かったんで、痩せてるのを叩くと痛々しくなっちゃってね。だんだん動きもセリフ覚えも悪くなって、井上さんのコントをやるのが難しくなりました。まあ、偶然ウケたことはあるんだけど、実際は間違えてるんですよ。

『王子の家庭教師』というコントをやったときです。三波が王子で、私が家庭教師の役。王子が〝ここをどこだと思ってんだ、私は王様の子どもだぞ〟と威張ってると、執事の戸塚が現れて〝大変です。たった今、革命が起きて、この王家がつぶれました〟と伝える。革命ですから、そこで立場がころっと入れ替わるわけです。そしたら、〝コノヤロー、今まで王子王子とおだててりゃいい気になりやがって。王家はなくなったんだろう。威張るんじゃないよ〟となって逆転してるところへ、また戸塚が入ってきて〝大変です。革命は失敗しました〟と伝える。その繰り返しなんですけど、二転三転しているうちに戸塚がほんとに分からなくなった。〝大変です〟〝どうしたんだ？〟〝革命が……〟〝革命がどうした？〟〝どっちでしょう？……〟。

台本にはそんなセリフありません。でも、お客さんは大爆笑。これ、偶然ウケたからよかったんですけどね」

戸塚は不器用な役者だったが、親ゆずりの剣劇になると活き活きとしていた。そのころはコントにせよ喜劇にせよ、まげものが多い。伊東は帯の締め方から草鞋《わらじ》の履き方までを戸塚から教わった。戸塚は自分で殺陣の手をつけることができ、何よりも形が良かった。バカ殿様を演じると絶品だったとの評があるのは、形の良さがあってこそだろう。

その一方で、井上のコントのような現代ものでは、どうしても不器用さが目立つ。誰もが知る流行歌を知らないほど世事にうとく、アドリブも利かなかった。それでも井上ひさしは役者として評価しており、「テレビ向きの芸人ではない」としながら、「もう少し早く生れていれば、旅廻り一座の座長は張れる」と評している（『笑劇全集 完全版』）。気弱な性格だったというから座長は無理でも、長生きしていれば舞台の脇役に活躍の場を見出したかもしれない。

一九七三年三月二十七日、戸塚は腹に水がたまり、新宿の国立東京第一病院に入院した。病名は肝硬変と胃潰瘍、医師から「なぜこんなにひどくなるまで放っておいたのか」と言われた。そのとき予期するものがあったのか、それ以来、戸塚は歯磨きと髭剃りを欠かさず、アルバムやスクラップブックを整理し、以前に収録した出演番組が放送されるとテレビを食い入るように見つめたという（矢野誠一『酒と博奕と喝采の日日』）。

入院から一ヶ月半が経過した。危篤の知らせを受け、三波や伊東をはじめ関係者が病院へ駆けつける。つきっきりで夜を明かし、三波が『笑点』の収録のために病室を出てまもなく、家族や伊東たちに見守られながら戸塚は息を引き取った。四十二歳だった。本番が終わってから駐車場で訃報を聞いた三波は、子どもみたいに大きな声で泣きじゃくった。

二日後に行われた告別式では、三波が挨拶に立った。週刊誌はそのときの様子を次のように報じている。

挨拶に立った三波伸介は「女房を失ったような気持です」といったまま、あとが続かずただ号泣。「おまえ、話せ」と、隣りの伊東四朗にマイクを渡してしまった。伊東もしばし絶句のあと「てんぷくトリオの最後の公演に、こんなにたくさんの方がお集まりくださり、戸塚もどんなにか喜んでいることでしょう」（『週刊明星』一九七三年五月二十七日号）

てんぷく笑劇場

三波は戸塚の亡き後も「てんぷく」の名を残すと決めた。はじめに東宝から「てんぷくトリオ」の名前を付けられたときには、近所にある「三福会館」という結婚式場を連想して嫌でたまらなかったが、それから十年近い年月が流れた。てんぷくトリオは今や、テレビの世界における一つの看板である。何より、三波は戸塚の死とともに「てんぷく」を終わりにしたくはなかったのだ。

三波と伊東はそれぞれ個人の仕事を中心にしていたが、戸塚の死後も正月の『初詣！爆笑ヒットパレード』などの番組では、二人でコントを演じた。二人はそのときだけ「てんぷく集団」を名乗った。一九七四年一月には、フジテレビが主催する『放送演芸大賞』にてんぷく集団として出演し、大賞を受賞している。

三波はもともと喜劇の劇団をつくる夢をもっていた。「てんぷく集団」はコンビやトリオのように人数を限定せず、メンバーを増やす未来を視野に入れていたのだろう。三波を中心に喜劇ができる役者を集め、いずれ大劇場で喜劇を上演したい。さらにその先に見据えていたのは、エノケン・ロッパに連なる「喜劇王」の座だった。

もう一つ、「てんぷく」の名を残した場所がある。『お笑いオンステージ』のなかのコメディコーナー「てんぷく笑劇場」である。

戸塚が亡くなる一年前の一九七二年四月、お化け番組と言われた『8時だョ！全員集合』と同じ土曜夜八時から、NHKで『お笑いオンステージ』がはじまった。最初の一年間は笑福亭仁鶴《にかく》の「お見合いコーナー」、「演芸コーナー」、てんぷくトリオを中心にした「てんぷく笑劇場」の三部構成だった。一九七三年四月に放送時間を日曜夜七時二十分からに移動した際、仁鶴が出演できなくなったため「お見合いコーナー」は「減点パパ」に替わった。「減点パパ」（のちに「減点ファミリー」）は、三波がゲストの芸能人の子どもと話しながら似顔絵を描き、その後ゲストが登場するコーナーである。ときにゲストが涙を見せることもあり、ほのぼのとした笑いが人気を博して、それ以降は三波が番組の中心になった。『お笑いオンステージ』は十年続き、「てんぷく笑劇場」の名もそのまま継続している。

「てんぷく笑劇場」は客入れして収録する公開コメディだった。毎回一話完結とし、二十五分ほどの新作喜劇を上演する。テレビは黎明期から多数のコメディ番組を放送してきたが、一九七〇年代にはすっかり姿を消していた。NHKにおいても、一九五六年から一九六六年まで続いた『お笑い三人組』以来である。番組レギュラーには途中から中村メイコや東八郎《あずま》が加わり、ほかに由利徹や小松政夫らが常連の出演者で、当時の東京の喜劇人が集結した感がある。「てんぷく笑劇場」は、テレビの世界で東京喜劇を継承していたといえるだろう。

番組の座付き作家は、放送作家の第一線で活躍していた前川宏司である。十年にわたり多くの回の脚本を担当した。前川は伊東と同じ一九三七年の東京生まれ、大学は早稲田大学第一文学部演劇科に進学しているから、生協で働いていた伊藤輝男とキャンパス内ですれ違っているかもしれない。大学卒業後、平凡社の雑誌記者を経て、作家として独立した。『シャボン玉ホリデー』や演芸番組を担当したほか、『ドリフ大爆笑』の初期のコントを多数手がけ、いかりや長介からの信頼も厚かった。『お笑いオンステージ』への参加は、井上ひさしがNHKのプロデューサーに「今、喜劇を書ける人はこの人以外考えられません」と推薦したからである（『前川宏司脚本集1』）。

「前川さんは非常にやりやすかったですね。本に融通の利くニュートラルなところをつくってくれて、役者の気持ちが分かる人でした。何でもよく知ってましたし、それだけいろんなものを見てきたんでしょう。早くに亡くなってしまって残念でした。生きてたら『お江戸でござる』にも書いてもらったと思います」

前川に多くを教わった高田文夫によれば、「江戸っ子で、落語とか歌舞伎とかの古典芸能が大好きな人」で、年賀状にはいつも「生きて喜劇の鬼となる」と書かれていたという（『だから私は笑わせる』）。この言葉は新国劇の芝居として有名な『月形半平太《つきがたはんぺいた》』のセリフ「死して護国の鬼となる」に由来している。前川の喜劇に懸ける思いは人一倍強かった。三波は前川について次のように記している。


時代劇を現代ものに直したり、昔からある名作と称されるものを、十五分ものにつくり変えてメイサク劇場と銘打って喜劇にしてしまうような、そういう特技も持ち備えている人で、現代のテレビには欠かせない人間になっているのではないですか。…（中略）…作家だから、将来は芥川賞とか直木賞をねらおうと考えていると思うけれども、そういうことをいっさい口にしないし、おれは喜劇の座付作者でいいんだというようなことを自負している。その辺に彼のよさがまたあるんでね。（『放送文化』一九七四年三月号）

三波が喜劇の一座をもった暁には、前川が座付き作家になるはずだった。だが、それが実現しないうちに前川は白血病に冒される。そして『お笑いオンステージ』が十年の歴史に幕を下ろした半年後の一九八二年十一月二十四日、脳出血により四十五歳の若さで逝去した。資料に乏しくて語られることが少ないが、前川は間違いなくこの時代を代表する喜劇作家である。

一方、伊東は『お笑いオンステージ』を一九七六年三月で降板していた。その真相について、伊東はこれまでほとんど語ってこなかった。

「これはあんまり話したくないんですけどね。三波から遠回しに〝この番組、男が多すぎるんだよな〟って言われてたんです。それを聞いたとき、三波は私に降りてほしいのかなって。間違ってたのかもしれませんが、それを察して自分から身を引きました。まあ、慙愧《ざんき》の至りでしたけどね。正統派の脚本でやるコメディ番組はこれだけでしたから、降りるのは忍びなかったですよ」

伊東は三波とのレギュラー番組が途絶え、一旦は喜劇役者としての活動の場を失った。だが、まもなく本人すら思いもかけぬかたちで、伊東のコメディアンとしての狂気が爆発する。

伊東・小松コンビの誕生

「どんな仕事も手を抜くなよ。誰が見てるか分かんないぞ」

伊東は若い人にそうアドバイスしている。伊東は与えられた仕事にいつも誠心誠意取り組んできた。その姿勢が結果として、次の仕事につながった。伊東は単発のゲスト出演からレギュラーになる経験を何度もしている。伊東・小松コンビの誕生がまさにそれだ。

一九七五年四月五日、TBSの土曜昼に『笑って!笑って!!60分』(以下『笑って』)がスタートした。司会は理想の家族と言われていたジェリー藤尾一家、メインキャストは山田隆夫がリーダーの男性アイドルグループ「ずうとるび」である。当初、伊東と小松は二回だけのゲスト出演の予定だったが、制作側が収録に手応えを感じたのか、そのままレギュラーに加わった。

すると二人のコンビネーションが一気に弾けた。「親子コント」では、ランドセルを背負った小学生の伊東が「お父たま〜」と呼び、父親の小松が「どーかひとつ」と両肩に手を置く。小松の当たり役になった「小松の親分さん」もこの番組から生まれた。まだ土曜日は午前中に学校があった時代に、子どもたちが走って家に帰るほどの人気だった。その後、ずうとるびとジェリー藤尾が降板となり、『笑って』は伊東と小松の名前とともに記憶されている。ちなみに、戸田恵子も「あゆ朱美」の芸名で出演していた。

伊東・小松コンビの勢いはさらにテレビ局の垣根を越えて広がっていく。一九七五年十月にNETではじまった『ドカンと一発60分!』(月曜夜八時〜八時五十四分)にも、二人は途中からレギュラー入りした。この番組は土居まさると桂三枝が司会を務め、わずか半年で終了したものの『電線音頭』の原形が生まれている。そして、同枠で一九七六年十月十一日に

『みごろ！たべごろ！笑いごろ!!』（以下『みごろ』）がスタートし、伊東と小松は最初からレギュラーに選ばれた。

『みごろ』はキャンディーズを中心にした歌ありコントありのバラエティ番組だった。二人の起用に関して、『笑って』と『みごろ』の両番組の構成作家だった田村隆は次のように語る。

この『みごろ』という番組は『笑って』がなかったら誕生してなかったと思うんです。なぜかというと、やっぱり局が許さないと思うんですよ、伊東四朗・小松政夫というタレントを夜8時という時間帯に大々的に起用するのは怖くて。『笑って』は土曜日の昼間だから、ゴールデンの番組に比べれば好き勝手に出来るでしょう。ゴールデンであれいう番組をやるための贅沢なパイロット版が『笑って！笑って!!60分』だったといえるかもしれない。（『笑芸人』VOL.3）

このとき伊東四朗三十九歳、小松政夫三十四歳、これまで脇に徹してきた二人が、時代とともに疾走しはじめる。

メインのコント「悪ガキ一家の鬼かあちゃん」は、『笑って』と役柄を入れ替え、伊東がかあちゃん（シロ子）役、小松とキャンディーズが子ども役に扮した。ひたすらボケ倒す小松に対して、伊東が二枚重ねのしゃもじで引っ叩き、サディスティックなツッコミをみせる。いじけた小松がおもむろに「し〜らけ鳥と〜んでゆく」と歌い出す「しらけ鳥音頭」は番組名物になった。稽古で練り上げられた掛け合いがテンポ良く進み、二人は素を見せることなく、あくまで役に徹して笑わせた。

キャンディーズの活躍もめざましかった。彼女たちはレコードデビュー前から、同じ渡辺プロダクション所属であるドリフターズの『8時だョ!全員集合』にレギュラー出演し、コメディエンヌとして鍛えられている。同時代のアイドルと比べても突出したセンスを見せ、伊東・小松コンビと互角にコントを繰り広げた。

「コントにはリズム感が必要なんですよ。ナベプロの女性歌手はみんなリズム感がいいんですよね。だからコントをやっても何の違和感もない。キャンディーズは自分たちでアイデアを出して、真剣にやってましたよ。私らもずいぶん助けられました。

小松ちゃんとはもうツーと言えばカーでしたね。彼は世の中から変なことを拾ってきて、ギャグに仕立てるのがうまいんですよ。私がてんぷくトリオのとき、キャバレーのマネージャーから〝てんぷくさん、上手だね、上手だね〟と言われた話をすると、〝上手だね、上手だね、西方上手だね、福岡県出身、鼻くそ部屋〟なんてすぐつくっちゃう。

『みごろ』での小松ちゃんは自由にしてましたね。私は何を言われても驚かないようにしてました。彼がどんなに本から逸脱しても、キャンディーズが抜群のコント感覚でからんでくれて、それで視聴率も上がったんじゃないですか。東京でつくったものは関西で視聴率をとれないんですが、『みごろ』は関西でも多く見られたみたいですよ」

『みごろ』は別々に収録したものを編集でつないでいくスタイルで、ほかにも様々なコーナーが詰め込まれていた。加山雄三と荒井注が釣り船の上でトークする「若大将とハゲ大将」、伊東と秋野暢子《ようこ》による子ども番組のパロディ「暢子・四朗のピンピンピン」、西田敏行の紙芝居「敏行の日本昔《ふるい》はなし」、昼ドラの女王と呼ばれた長内美那子《おさないみなこ》が未亡人役を演じる「お隣さんちの未亡人」など、意表を突いたキャスティングである。「お隣さんちの未亡人」は、シロ子役の伊東がどれほど変な顔をしても、長内がいっさい笑わずに涙を流して熱演する姿が可笑しい。シロ子の心の声をテロップにする手法も新しかった。なお、東京ヴォードヴィルショーの佐渡稔（当時三木まうす）と石井愃一が下宿する学生役で出演していた。

一九六〇年代に井原高忠や澤田隆治らがつくっていたバラエティに比べると、『みごろ』はアナーキーな雰囲気に満ちていた。王道というよりもゲリラ的な笑いである。それが一九七〇年代の時代の気分だったのだろう。なかでも、その極北に位置していたコーナーが「デンセンマンだよ！電線音頭」である。

やってきました電線軍団

「人の迷惑かえりみず、やってきました電線軍団」――ボサボサ頭に長いヒゲ、キンキラキンの衣装を着て片手にムチを持った団長の名はベンジャミン伊東。隣には司会を務める小松与太八左衛門。ベンジャミン伊東がハイテンションで前口上を述べ、コタツの上で「チュチュンがチュン、チュチュンがチュン」と「電線音頭」を踊り出す（作詞・田村隆）。

「電線音頭」が流行した一九七七年の日本は、前年に田中角栄が逮捕されたロッキード事件の公判が開始し、経済面では急速な円高による不況の只中にあった。そんなときに子どもたちだけでなく、大人までもが宴会で「チュチュンがチュン」と踊り騒ぐ。『朝日新聞』は「天声人語」で一遍の踊り念仏と比較しながら論評した（『朝日新聞』一九七七年四月二十四日）。また、ほかに何人もが「電線音頭」を幕末の「ええじゃないか」になぞらえている。「電線音頭」は番組の企画を超え、日本全国を巻き込む社会現象になった。

「電線音頭」はもともと『ドカンと一発60分！』のなかで桂三枝が即興で披露し、『桂三枝の電線音頭』としてレコード化もされていた。そのときはあまり話題にならなかったが、『みごろ』をスタートするにあたり、「電線音頭」を復活させたのである。

「突然、プロデューサーから〝電線軍団の団長になってください。あとはお任せします〟って言われて、完全に丸投げです。しかも収録が二週間後。追いつめられながら台本の裏にサーカスの団長をイメージした絵を描いて、その通りの衣装をつくってもらいました。名前も〝ジャッキー〟とか〝ヤコブソン〟とかいろいろ考えて、〝ベンジャミン伊東〟にしたんです。どうせ二、三週でつぶれると思ってましたから、なるべく誰だか分からないようにしたくて。

振り付けはキャンディーズの振付師の西条満さんが担当してくれましたが、稽古場で〝伊東さんはどんなふうに考えてるの？〟って私に聞くんですよ。〝電線にっていうから、こんな感じかな〟と勢いでやってみせたら、〝いいね、いいね〟と言うだけ。最後は〝じゃあ、そういうことで〟って帰っちゃって、結局一つも考えてくれませんでした（笑）。

見切り発車ではじまって、まさかあんなに長いことやるとは思いませんでしたね。オンエア直後に小林信彦さんから電話がかかってきて、〝あれはサルバドール・ダリの世界です〟と言われました」

「電線音頭」のコーナーは一種の集団的トランス状態といえようか。高らかに鳴り響く軍艦マーチとともに電線軍団が乱入し、狂気の宴がはじまる。小松与太八左衛門が歌謡司会者の西村小楽天《こらくてん》の口調で流れるように語り、ベンジャミン伊東が血走った目で次々に指名し、コタツの上で「電線音頭」を踊らせていく。最後に石ノ森章太郎がデザインした謎のヒーロー・デンセンマンが登場し、「みなさま大変お騒がせいたしました。」のテロップとともに終了する。意味もなければ目的も分からないシュールさだ。

初回七・一％だった視聴率は「電線音頭」の人気とともに上昇し、半年後に二〇％を超えた。新たに発売したレコード『デンセンマンの電線音頭』は十万枚を超えるヒットを記録し、一九七七年三月に開かれた「輝け‼第一回電線音頭コンテスト」に全国から五万人を超える応募があったという（『笑芸人』VOL.3）。さらには電線軍団がスタジオを飛び出し、各地の商店街などで収録する「出前電線」も行われた。

「とにかく変なところへ連れてかれましたね。白バイ隊員の合宿所へ行ったり、お寺のお坊さんの前で踊ったり。結婚披露宴にアポなしで押しかけて、お客さんのあきれた顔を撮影したこともありました。

逗子《ずし》の陸上競技場の一角でやったときは無許可だったらしいんですよ。どうせ百人も来ないだろうと思ってたら、ものすごい人が集まっちゃって、逗子の警察署長がパトカーで乗り込んできました。そしたら、スタッフもみんな蜘蛛の子散らすように逃げちゃって。私があの格好で残されて、始末書を書かされました。

出前のときは一日に三ヶ所ぐらい回るんですが、ロケバスのなかでその都度、顔を落として、服も着替えました。小松ちゃんから〝面倒くさいでしょ〟って言われましたけど、一日中ベンジャミンではいられないですよ。移動のときだけでも、素に戻ることが必要だったんです」

当時の雑誌記事を読むと、ブームの渦中にあっても伊東はつねに冷静だった。テレビの世界では、自分のつくったキャラクターに飲み込まれる事例が後をたたないが、伊東はキャラクターを演じているという一線を越えない。見る者に強烈な印象を残したまま、ベンジャミン伊東は姿を消した。

「私がもうやめようと言いました。いいねって言われてるうちにパッとやめた方が粋だから。ベンジャミンなんて、視聴率が悪くなったら憐れですよ。番組は固執して、鶴間エリさんが女ベンジャミンなんてやってましたけどね。でも、私は降りました。そういうところが私も頑固なんだよな。

振り返ってみると、私の転機の時代ではありましたけど、ベンジャミンの仕事も一所懸命やらせてもらいました。ほんとに私がおかしくなったと思った人もいましたから。〝あの日はもうイッちゃってるから、ちょっと心配だよな〟なんて言われてたらしいですよ。藤田まことさんが私の目をのぞき込んで、〝四朗ちゃん、あんた大丈夫か？〟って本気で心配されました。そのときは成功したなと思って、むしろうれしかったですよ。

ああいうものは照れてやったらダメなんです。照れたらお客さんが引いちゃうんでね。ほんとにこいつはおかしいなと思わせといて、スッとやめちゃう。あれ以上のバカはいないという意味で、私はあの仕事を誇りに思ってますよ」

同じく小松にとっても転機の時代だった。小松は伊東との共演によって「会話の間合いを学び、声の強弱を覚え、殊にカメラフレーム内のカラダの動きを学びました」と語る（『小松政夫遺言』）。何よりも師匠の植木等に褒められたことがうれしかった。植木はインタビューで「いまんとこ弟子筋に当るから、言いにくいけど、伊東四朗と小松政夫のコンビは絶妙ですね」と答えている（『DONDON』一九七八年八月号）。

「あのころ、小松ちゃんと週に四日は一緒でしたね。〝二人はコンビじゃないの？〟と言われて、いっそ名前をつけようかってこともありました。小松ちゃんが〝おジョーズはどうかな〟なんて言ってて。結局、まとまらなかったですけどね」

『みごろ』は、キャンディーズが一九七八年四月に解散したと同時に降板し、その後リニューアルを試みるが一年後に終了した。伊東と小松がコンビのように活動した期間はそれほど長くない。だが、そのわずかな期間を二人は全力で駆け抜けたのである。

ドリフターズとの共演

昭和のテレビにとって土曜夜八時は特別な時間だった。

まだ仕事も学校も週六日制で、土曜休みの定着は平成からである。昭和の土曜の夜は一週間の労働を終え、余暇のはじまりの時間だった。テレビは茶の間に一台しかなく、多くの家庭では家族そろってテレビを見る。その番組は子どもから大人までが楽しめるものでなければならない。各テレビ局は土曜夜八時台の覇権をめぐって鎬を削り、なかでもTBSとフジテレビは「土八戦争」と呼ばれる熾烈な争いを繰り広げた。

「土八戦争」は一九六九年十月、『8時だョ!全員集合』(以下『全員集合』)のスタートによって火蓋が切られた。それまで三〇%を超える視聴率を獲得していたフジテレビの『コント55号の世界は笑う!』にドリフが挑み、見事に勝利した。一九七五年に『欽ちゃんのドンとやってみよう!』(以下『欽ドン』)が一時的に『全員集合』を逆転したものの、ドリフに新しく加入した志村けんがブレイクし、『全員集合』が再び王座に返り咲く。だが、一九八〇年代に入ってから、絶対王者の『全員集合』がついに『オレたちひょうきん族』に敗れ、十六年の歴史に幕を下ろした。そして、今度は『加トちゃんケンちゃんごきげんテレビ』が『全員集合』の仇を討つ。およそ二十年にわたるその歴史物語は、大袈裟にいえば、テレビが娯楽の王様だった時代の一つの叙事詩である。

ドリフターズ、萩本欽一、ビートたけし、明石家さんまらが参加した「土八戦争」に、伊東も当事者として加わったことがある。『欽ドン』の視聴率が低下し、一九七七年四月からテコ入れのために半年間休止するにあたって、代わりの番組が必要になった。そのとき、「電線音頭」大流行の渦中にいた伊東に声がかかったのだ。番組名はそのものズバリ『がんばれ！ピンチヒッターショー』である。

当時の新聞や雑誌には、二十年のキャリアを積んだ伊東がついに主役に抜擢されたと書かれている。三波も週刊誌に「おめでとう」とのコメントを寄せた。だが、そんなときでも伊東はいつもと変わらず控えめだった。新聞の取材のなかで、「ピンチヒッター」という番組名について次のように答えている。「いいんです。土台、ボクは陰の人間。大体、シャレだと思って納得しています」（『読売新聞』一九七七年八月十四日）。

共演者はおりも政夫や佐山俊二、「ヒゲ辻」と呼ばれた元阪神タイガースの辻佳紀《よしのり》といったメンバーで、番組内容はスポ根マンガ風のコント「めざせ甲子園」や、玉置《たまおき》宏が一般家庭を訪問して家族に歌ってもらう「カラオケテレビ中継」などだった。視聴率は伸びず、番組は予定通り八月で終了となったが、伊東は自らの役割をきっちり果たした。ディレクターを務めた三宅恵介は自著のなかで、自らの演出の未熟さを振り返りながら、文句を言わずに取り組んでくれた伊東に「今でも頭が上がりません」と記している（『ひょうきんディレクター、三宅デタガリ恵介です』）。

一時だけ視聴率を争う関係になったものの、伊東とドリフの縁は深い。いかりや長介は伊東より六歳年上だが、ドリフが五人体制になったのは一九六五年であり、テレビで名前が売れたのはてんぷくトリオの方が早かった。てんぷくトリオはストリップ劇場や軽演劇の劇場で鍛えられた喜劇役者のグループ、ドリフは進駐軍クラブやジャズ喫茶で活動してきたバンドマンのグループである。だが、そのような出自のちがいを越えて、三波といかりやは兄弟分の間柄だったという。また、伊東は『全員集合』に何度も出演し、一九七七年にスタートした『ドリフ大爆笑』も初期のころは準レギュラーだった。

伊東とドリフの出会いは一九六五年二月の日劇である。和田弘とマヒナスターズの新曲『お座敷小唄』が二百万枚を突破し、それを記念した『マヒナスターズ・ショー』にてんぷくトリオとドリフが呼ばれた。とはいえ、一緒に舞台に上がったわけではなく、それぞれ別のコーナーでの出演だ。

「ドリフはそのころから日劇のお客さんをドカンドカン笑わせてましたよ。それが『8時だョ！全員集合』につながって、頼もしいグループだなあと思って見てました。何といっても長さんの功績ですね。あの人がいたからこそ、ドリフはあそこまで行ったんでしょう。

ドリフは音楽畑ですから、私たちのような軽演劇から出た人間とはちがいましたね。私は音楽ネタが好きですから、ちょっと憧れもありました。喜劇にしてもコントにしてもリズムが大事です。やっぱり三拍子と四拍子のちがいが分かる人でないと難しい。音楽畑の人はそれが自然とできましたね」

『全員集合』は毎週土曜の生放送に向け、稽古を重ねて徹底的につくり込む。ネタづくりは一週前の木曜会議からはじまり、メンバーはその日を「魔の木曜日」と呼んだ。会議にはメンバーやスタッフが全員集まり、ネタが決まるまで夜中まで続く。伊東もゲストで呼ばれたときは、その会議から出席した。

「長さんは考え出したら長いんですよ。何時間でもずーっと考え込む。もう加トちゃんなんて将棋を指してましたよ。ブーたんは寝てたかな（笑）。あるとき、次の仕事があったんで〝ちょっと行ってきます〟と言って出て、ひと仕事を終えて戻ってきたら、同じポーズで考え込んでました。

『全員集合』は大きな劇場でやってましたね。しかも満員での生中継なんてあんまり経験したことがないんで、緊張しましたよ」

一九八五年に『全員集合』終了後も、伊東は『加トちゃんケンちゃんごきげんテレビ』にゲスト出演し、加藤・志村と共演した。伊東は「けんちゃんのように子どもから大人まで大ファンがいる人は珍しい」とその才能を称える。

志村は長らくテレビの世界でコントを演じてきたが、五十歳を超えてから舞台へ向かう。二〇〇六年から『志村魂《こん》』と銘打った座長公演をライフワークとし、毎年大劇場に立ってきた。自らが喜劇人と呼ばれることに誇りをもち、舞台の上で死にたいと口にする。晩年の志村が舞台に回帰したのは、毎週のように大劇場を満員にした『全員集合』の記憶があるからだろう。だが、それにくわえて、伊東の言葉が背中を押したかもしれない。志村は全盛期の一九九一年に受けたインタビューのなかで、次のように語っていた。

伊東四朗さんがいみじくも言ったんですが、舞台を知っている奴がけんちゃんが最後だからなあと。僕なんか日劇を見てコメディアンになったところがあるから。舞台というのは全然見せ方も違うし、今の若い人たちは大きな舞台を知らないで「お笑い」をやっている。知らないでテレビに行っちゃってるからどうしても見せ方とか違うんです。(『Switch』一九九一年十一月号)

志村は舞台に立つ喜劇人であろうとした。志村が理想としたのは、東京では由利徹や東八郎、大阪では藤山寛美《かんび》だろう。そして伊東四朗もまた、その一人だったのではないかと思う。数々の番組で共演してきたドリフと伊東は、互いに認め合っていたように見える。伊東にとってドリフはどんな存在だったのか。

「ドリフはA級、私はB級ですよ。以前、泉麻人《あさと》さんに〝B級バラエティの王者〟と書かれたことがありましてね。〝不愉快じゃないですか?〟と言われましたが、私はうれしかったですよ。クレイジーやドリフがメジャーリーグなら、私はマイナーリーグ。そこでリーディングヒッターになりたいと思ってやってきましたから」

雲の上団五郎一座

現在、東宝の演劇事業はミュージカルが主流だが、昭和の時代は多彩なジャンルの演劇が上演されていた。なかでも大劇場における一ヶ月の喜劇公演は、時期によって多寡はあるものの、東宝にとって重要なラインナップの一つだった。

戦前の東宝は浅草で活躍していたエノケンやロッパを丸の内に呼び寄せ、日劇や有楽座にそれぞれの一座を出演させた。戦後は、東京宝塚劇場でエノケンやロッパ、三木のり平らの出演する「東宝ミュージカル」が人気を博した。東宝ミュージカルは今のような歌と芝居が融合したミュージカルではなく、芝居の途中に独立した歌が入る構成である。東宝の菊田一夫によれば、当初は「東宝喜劇」を名乗るつもりだったが、小林一三によって「東宝ミュージカル」に訂正させられたという。批評家からは「こんなものはミュージカルではない」と非難され、菊田自身も「歌入り軽演劇」／「歌入りアチャラカ」だと認めている。とはいえ、エノケンやロッパの世代と、戦後の若い喜劇役者が共演した東宝ミュージカルは、東京喜劇を次世代につないだといえるだろう。ほかにも、東宝グループのコマ・スタジアムが経営する新宿コマ劇場では、森川信《しん》や由利徹らを座長にした「コマ喜劇」を上演していた。

伊東はてんぷくトリオとして日劇や国際劇場などの舞台に立ってきたが、一九七〇年代には個人で東宝系喜劇に出演している。

一九七五年八月、「村田英雄・藤圭子合同特別公演」が新宿コマ劇場で行われた。芝居と歌謡ショウを組み合わせた、いわゆる「歌手芝居」である。芝居は『怪盗貴族ズッコケ大追跡』と火野葦平《あしへい》原作の『花と龍』の二本立てで、伊東が前者の主役「怪盗貴族ルパン」を務めた。脚本は『お笑いオンステージ』を手がけている日高はじめ、出演者では関敬六、重山規子《のりこ》、まだ無名の奥田瑛二（当時は英二）がルパンの三人の部下役を演じている。

「あのとき、ルパンの権利をスティーブ・マックイーンが持ってたんですよ。それが直前になって向こうからダメだと言ってきて、ちょっと揉めました。そしたら〝伊東さん、争いますか？〟と言うから、笑ったもんね。〝俺とスティーブ・マックイーンが裁判するの？〟って（笑）。結局、話し合いがついて、中身は変えなくてもいいけど、看板からルパンの名前を外してくれって。でも、スティーブ・マックイーンと争っても面白かったな（笑）」

パンフレットのなかには「怪盗貴族ルパン」とはっきり書かれており、タイトルだけの変更だった。中身はあくまでも喜劇で、プログラムに「五場 大追跡（映画）」とあるように、連鎖劇を試みている。連鎖劇とは同一作品のなかで演劇と映画を交互に見せる形式だ。大正時代に大流行し、その代表的な俳優の山崎長之輔《ちょうのすけ》は、追っかけや乱闘の場面を映画にして観客を驚かせていた。

「新国劇を見たときに連鎖劇をやってましてね、面白かったんですよ。お客さんも大喜びでしたから。その印象が強く残ってたんで、コマ劇場に出るときに頼んでやらせてもらいました。映画の撮影もありましたから、だいぶお金をかけさせてしまいましたけど」

新国劇は一九五〇年代末から六〇年代にかけて「立体シネ・ドラマ」と銘打ち、連鎖劇の復活を試みていた。おそらく伊東が見たのはそれではないか。ちょうど若手として緒形拳が在籍していたころだ。新国劇は一九八七年に解散したため、今ではすっかり忘れられている。だが、てんぷくトリオが新国劇の十八番の『国定忠治』をパロディにしたように、戦後しばらくまで新国劇は日本人が共有する娯楽だったのである。

一九七六年十二月、伊東は東京宝塚劇場の『新天保六花撰《てんぽうろっかせん》 大江戸三文オペラ』に出演した。河竹黙阿弥《かわたけもくあみ》の『天衣紛上野初花《くもにまごううえののはつはな》』に材をとった喜劇で、主役は植木等である。一九六〇年代に全盛期を迎えたクレイジーキャッツは、グループとしての活動を終え、それぞれが個人で活動していた。植木は翌年、東京宝塚劇場で『王将』の坂田三吉を演じ、新境地を拓いていく。一方、「暗闇の丑松」を演じた伊東は、「植木さんの舞台で東宝に認めてもらって、雲の上団五郎一座に呼んでもらえたのかな」と語る通り、翌一九七七年十二月に『新雲の上団五郎一座』に参加した。

『雲の上団五郎一座』は東宝ミュージカルの流れを汲み、一九六〇年十二月に「東宝ミュージカル爆笑公演」として東京宝塚劇場で初めて上演された。直前まで「尾上団五郎一座」の予定だったが、尾上菊五郎劇団からの抗議を受け、急遽「雲の上」に変更した。内容は旅回り一座の雲の上団五郎一座が『忠臣蔵』や『ロミオとジュリエット』などの名作を演ろうとしてドタバタ喜劇になってしまうという趣向で、いろいろな名作のパロディを劇中劇として見せるところがねらいだった。

座長の雲の上団五郎はエノケンが演じた。エノケンは前月に紫綬褒章《しじゆほうしよう》を受章したばかりで、森光子が「紫綬褒章をもらったのにアチャラカをやるんですか」とアドリブを飛ばすと、「アチャラカをやったからもらったんだ」と返して客席は大爆笑の拍手喝采だったという。

初演は大当たりをとり、とくに三木のり平と八波むと志が演じた『与話情浮名横櫛《よわなさけうきなのよこぐし》』（通称「源氏店《げんじだな》」）のパロディは伝説になった。のり平が与三郎、八波が蝙蝠安《こうもりやす》になり、「いやさお富、久しぶりだなあ」の名場面を演じようとして、ボケるのり平に八波がどんどんツッコんでいく。観客は元ネタを知っているから余計に笑えた。くわえて、その前提として二人の形の良さがあり、演劇評論家の橋本与志夫《よしお》は「これほど本モノの形や心をキチンと踏まえた上での崩したオカシ味を満喫させてくれたパロディは、ちょっと他に類例がないくらいのものだった」と回想している（『雲の上団五郎一座パンフレット』一九七二年十二月）。

のり平と八波の「源氏店」は、同じ喜劇人から評論家までがのちのちまで絶賛した。この舞台はテレビでも放送され、その面白さが全国に伝わっている。志村けんは、いつも笑わない父がこのテレビ中継で笑っている姿を見て、笑いの道を志したと語る。

雲の上団五郎一座は、翌年から東京宝塚劇場の十二月の恒例になった。芝居の構成は変わらず、全体をつなげるストーリーはあっても、劇中劇がメインである。それらはエノケンやロッパが浅草時代から演じてきた歌舞伎のパロディを継承しており、乾いたナンセンスに徹したという点からも、東京喜劇の正統だったといえるだろう。

雲の上団五郎一座は五年間続けて一九六四年に終了したが、一九七二年にフランキー堺を主役に迎えて再開し、三年間上演した。そして一九七七年に劇場を日劇に移し、再スタートを切った。新しい座長は由利徹である。

『新雲の上団五郎一座』は脚本を前川宏司、演出を澤田隆治が担当し、出演者は南利明、佐山俊二、玉川良一、海野かつを、関敬六といった喜劇人のほか、エノケンの養女の榎本ちえ子が話題を呼んだ。このとき、伊東が「ヤングパワーの代表格」と書かれたように、共演の喜劇人はみな伊東より年上だった。だが、パンフレットの写真を見ると、当時五十六歳の由利が随分若い。

「由利さんは心根が二枚目なんですよ。いつもパンフレットに〝これ何十年前の写真なの?〟ってくらい若い写真を載せててね。年をとってからも、見栄を張って絶対に老眼鏡をかけなかった。台本の余白に大きな文字でセリフを書いて、老眼鏡をせずに読んでました。

あるとき、金沢の仕事で一緒になって、終わってから飲みに行ったんですよ。ホテルに帰ってきて〝おやすみなさい〟と別れたら、遠くから〝おーい、伊東ちゃん〟って呼ばれました。行ってみたら、由利さん、鍵穴が見えないんですよ。〝こういうときのために隠しメガネをつくらなきゃ。ほんとうに持ってないのはダメですから〟と言った覚えがあります。その一事でわかるでしょう。本人は二枚目だから、老眼鏡なんてかけたくない。いつまでも若いんですよ」

今回の劇中劇は「ヴェルサイユの紅いバラ」「四十七分忠臣蔵」「妻恋三度笠」「切られお富」である。伊東はヤクザの親分の息子で、演出家志望の四郎吉役だった。序盤のストーリーは、四郎吉が団五郎一座で「ヴェルサイユの紅いバラ」を上演しようとしてメチャクチャになるというもので、おそらく伊東はツッコミだったのだろう。また、「四十七分忠臣蔵」には「山崎街道の場」がある。由利が定九郎《さだくろう》、佐山が与市兵衛《よいちべえ》に扮し、糸のない釣り竿を糸があるように見せるギャグなど、二人の十八番だった。

「そんなに覚えてないんですが、山崎街道はウケてましたね。私はたしか電線音頭をやらされたんじゃなかったかなあ。ちょうどテレビでやってたころでしょう。

のり平さんや八波さんのときと比較されるだろうなと思いながら出てましたね。あちらは抜群でしたから。ちょっとかなわなかったなとは思ってます。雲の上団五郎一座は東宝のドル箱だったんでしょうけど、その後やめちゃったのは残念ですね」

由利座長の雲の上団五郎一座は三年で終わる。伊東は一度だけの出演だった。今や名作のパロディが成立しにくい時代になり、今後の復活は難しいだろう。だが、雲の上団五郎一座は多くの人を喜劇好きにし、東京喜劇を次の時代へつないできた。その役割は今、かたちを変えて伊東四朗一座、そして熱海五郎一座へと引き継がれている。

三波伸介の死

三波の書斎の引き出しを開けると、すぐに目に入る一番上に色紙が置かれていた。その色紙には力強い筆で次のように書かれていた（澤登《さわと》和子『パパ、幸せをたくさんたくさん、ありがとう』)。

「我が命 喜劇役者として生る三波伸介」

三波は『笑点』や『スターどっきり㊙報告』などで巧みに司会をこなしていたが、本人の矜持は喜劇役者だった。その時点では、テレビで見られる軽演劇は『お笑いオンステージ』の「てんぷく笑劇場」しかなく、その座長を長年務めている自負もある。三波はいずれ自らの一座を旗揚げし、大劇場で喜劇を上演したいと思っていた。その一座には座員がいて、座付き作家がいて、常打ちの劇場がある。思い描いていたイメージは、昭和初期から戦後すぐまで存在したエノケン一座やロッパ一座だ。「てんぷく笑劇場」はそのための喜劇役者や座付き作家を育てる場でもあったろう。

目標は日本一の「喜劇王」である。三波の日記にはその夢が繰り返し綴られていた。一九七〇年に「喜劇王」のエノケンが没し、ロッパや金語楼も前後して世を去っている。森繁は健在だが、その次の世代を担うのは誰か。同世代では、映画に渥美清、大阪に藤山寛美がいる。そのなかで、三波は自らが東京喜劇を背負う覚悟だった。

たしかに、三波には自他ともに認める座長の風格があった。だが、残念ながら、時代が三波に味方しなかった。もはや常設の劇団を維持できる時代ではない。それならテレビで夢の一部を実現しようと、一九七九年四月にフジテレビで『満員御礼!三波伸介一座』(木曜夜八時〜八時五十四分)がスタートした。演出に澤田隆治、レギュラー出演者に由利徹や林与一らを迎えたが、視聴率が伸びずに八回で打ち切りになった。翌一九八〇年にはマンザイブームがテレビ界を席巻し、アドリブやハプニングを重視するドキュメンタリー路線が加速していく。稽古を重ねてつくり込むコメディ番組にますます逆風が吹いていた。

一九八二年四月、テレビコメディの最後の牙城だった『お笑いオンステージ』が、十年の節目を迎えて終了した。

三波はこのとき、やはり喜劇は舞台でやるしかないと心に決めたのではないか。これまで多数のレギュラー番組を抱え、舞台への出演には慎重だったが、『お笑いオンステージ』終了から約半年後に大舞台の喜劇の座長を務めた。場所は名古屋の中日劇場、演目は『花のお江戸のてんぷく駕籠《かご》や』である。脚本と演出を担当した前川宏司はすでに病魔に侵されており、病を押して稽古に臨んだが、公演期間中に亡くなっている。千秋楽の幕が下りてから、三波は前川を悼んで出演者に次のように挨拶した。「彼の遺志を受け継いで、これからも大衆喜劇を頑張ってやっていきます。みなさんも力を貸して下さい」（『サンデー毎日』一九八二年十二月二十六日号）。

だが、まもなく運命の日が訪れる。同年十二月八日、三波は家族の外出中に自宅で倒れ、そのまま急逝した。死因は剝離性大動脈瘤破裂だった。伊東にもすぐに知らせが入った。

「その日は杉良太郎さんの『右門捕物帖《うもんとりものちょう》』の撮影をしてました。私は〝あばたの敬四郎〟役だったんですが、三波も昔、中村吉右衛門さんの『右門捕物帖』で同じ役をやってるんですよ。因縁みたいなものを感じましたね。撮影が終わって家に帰ったら電話が鳴って、〝三波が死んだ〟と。腰が抜けました。すぐに行ったんですけど、突然死だったんで、もうどうしようもない。

　戸塚は酒が原因なんて言われましたが、三波は一滴も飲まなかった。その代わり、甘いものが好きでね。列車で旅に行くと、駅に停まるたびに売店で甘いものを買ってましたよ。それが原因かどうかは分かりませんけど。

　まだ五十二歳でしょう。美空ひばりさんも石原裕次郎さんも八《は》っちゃん（東八郎）も五十二歳で亡くなってるんですよ。厄年が十年延びたのかな、なんて言ってました。だから、私も五十二歳になるときはすごく意識しました。自分は乗り切れるのかなって」

　三波と戸塚と伊東の三人が、ぐうたらトリオとして活動をはじめてからおよそ二十年。トリオはとうとう一人になってしまった。このとき伊東はまだ四十五歳である。

「私はずっと誰かに引っ張られてきた芸能生活でしたからね。引っ張る人が誰もいなくなっちゃった。なんかほっぽり出されたっていう感じですかね。幸いなことに仕事が続いてくれたんで、今まで何とかやってこられましたけど。

　三波とは亡くなる直前に、ＮＨＫのなかで偶然会ったんです。私がちょうどドラマの撮影をしてましてね。〝おうっ、しばらくだな〟となって、少し話をしてるうちに〝伊東な、今度ちょっと話があるんだけど、一席設けてくれないか〟って言うから、〝いいですよ〟と言ったのが最後。三波が私に何を言いたかったのか、今も分からないままなんです。

　自分に都合よく考えれば、もう一回一緒にやってみたいとかね。そういうことを言いたかったのかな。全然何もそんな兆候はなかったんだけど。何を言おうとしたんですかね。あれは印象的でした」

野暮を承知で想像するなら、三波はこのとき、喜劇の一座の旗揚げに向けて本格的に動き出していたのではないか。喜劇の一座には信頼できる作家と役者が欠かせない。前川を失って座付き作家はほかを当たるしかなかったが、喜劇役者を考えたとき、三波の頭のなかにはやはり伊東の顔が浮かんだのだろう。たとえ常設の劇団ではなくとも、三波が座長を務め、伊東が脇を固める喜劇公演が定期的に行われていれば、その後の東京喜劇の風景はずいぶん違っていたように思う。

三波が目指した東京喜劇とは何だったのか。『お笑いオンステージ』のディレクターとして長年一緒に仕事をした滝大作が三波の言葉を書き残しており、そこから喜劇観の一端が垣間見える。

〝喜劇は一所懸命演《や》らなくてはいけない〟

〝見せてやろうと思って演ってはいけない。見てもらおうと思って演れば必ずお客さんはわかってくれる〟

〝喜劇はネタの仕込みがあって、それが展開して、ドンデンで終わればいい。むずかしい理屈はいっさい抜き〟

〝見る方からいえば、またバカが演っているという感じでいい〟

〝喜劇は作家が書いたものを、役者がその役に忠実に演じてみせて、自然にお客さんから笑いをとるものだ〟

〝チャップリンのように、労働階級のことをやって、その哀愁みたいなものを出す必要はない。ただ笑ってもらえればいい〟（『文藝春秋』一九八三年二月号より抜粋）

表現は異なるが、伊東も取材のなかで同じような話をしてくれた。これこそが東京喜劇の真髄なのだろう。三波の死によって、東京喜劇は最良の継承者を失ってしまった。

はたして、これから東京喜劇はどうなっていくのか。この時点では誰にも分からないことだった。

第五章

笑ゥせぇるすまんから白河法皇まで——演技者・伊東四朗

——まず目立とうと思わないことでしょうね

TVドラマ「笑ゥせぇるすまん」（1999年）製作発表にて。右は原作者の藤子不二雄Ⓐ

大河ドラマのトメ

伊東は喜劇だけでなく、シリアスな芝居にも数多く出演してきた。演じる役は幅広い。それは伊東が「喜劇役者」だからこそだ。

「喜劇のなかには、すべてがあると思うんです。喜劇はみんながふざけた役では成り立ちませんから。真面目な役ならずっと真面目に演じなきゃいけない。途中で勝手にウケをねらったら失敗しますよ。それぞれが役に徹することが必要なんですね。

喜劇にはあらゆる役が登場します。二枚目から老け役、女形、それこそ動物の役まで。喜劇をやっていれば、どんな役が来ても驚かなくなりますよ。だから私は、喜劇ができればどんな役でもできると思っているんです」

これこそが喜劇役者に名優が多い所以《ゆえん》だろう。本章では喜劇役者伊東四朗が映画やテレビドラマで演じてきた様々な役柄を見ていきたい。

元服《げんぷく》したばかりの平清盛の前に立ちはだかる「治天《ちてん》の君《きみ》」白河法皇。剃髪し眉毛を落とした禍々《まがまが》しい形相をし、黄朽葉《きくちば》色の法衣の下から着物の赤い襟が見える。法皇は自らの落胤《らくいん》である清盛に相対して、清盛の母を殺した過去を語り、「もののけ」の血が流れる宿命を説く。そしていっさいの愛情をもっていないわが子を鋭く睨《ね》めつけ、「清盛ィー！」と叫んだ。

二〇一二年のNHK大河ドラマ『平清盛』は松山ケンイチが主演し、伊東が白河法皇役を演じた。物語は白河法皇が最高権力者として君臨し、その悪政によって次世代の災いの種が生まれる時代から幕を開ける。白河法皇は「現《うつつ》に生けるもののけ」と称され、強烈な存在感を放つ。第二回で崩御するため出演シーンは少ないが、死してなお人々を呪縛し続ける人物であり、ドラマの序盤で全体に通底する色を決める重要な役柄だ。

その人物造型は衣装やメイクにも細かい工夫がなされた。頭は二時間かけた特殊メイクで、本当に剃髪したと思えるほど違和感がない。本来は襟を詰めて着る法衣をあえて緩め、下の着物の赤い襟を見せて血脈を象徴的に表現した。何よりも伊東の演技が怖さと不気味さを兼ね備えて視聴者を圧倒し、強い印象を残した。放送後に三谷幸喜から「まさに高貴なるもののけでしたね」と電話があったという。第三十四回では清盛が見る夢のシーンに再登場し、その際にはトメにクレジットされた。

「そんなに気にするほうじゃないですけど、やっぱりトメに入るのはすごいことなんでしょうからね。でも、〝どうだ〟っていうのも嫌だし、知らん顔してやってました。生意気に見えたんじゃないですか（笑）」

伊東はこれまで大河ドラマに五回出演し、町人から武士、皇族まで幅広い役柄を演じてきた。初出演は『平清盛』から遡ること四十三年前、一九六九年放送の『天と地と』である。『天と地と』は上杉謙信の半生を描いた作品で、石坂浩二が主演を務め、伊東は百姓あがりの武士の鉄上野介《くろがねこうずけのすけ》を演じた。このとき伊東は三十二歳、てんぷくトリオとして演芸番組やバラエティ番組を中心に活動していたころだ。シリアスなドラマへの出演経験はほとんどなかった。当時の雑誌には、伊東が共演の藤田まことから次のように言われたエピソードが書かれている。

「オレ台本をもらって配役表を見ていたら、伊東四朗って書いてあったやろ、そやから芸能界にも同姓同名の人もおるんやな思うて、稽古場へ来て見たら、伊東ちゃんやろ、まびっくりしたわ」(『ハイカー』一九六九年九月号)

伊東に対する世間の印象はあくまでもトリオの一員で、まだ一人の役者として認識されていなかったのだろう。大河ドラマへの起用はNHKにとって抜擢人事だった。発案者は演出の岡崎栄《さかえ》である。

「最初に話を聞いたときは信じられませんでしたね。今でこそ大河ドラマに笑いの人がよく出演していますが、その走りだったと思います。

のちに岡崎さんから聞いた話ですが、『天と地と』の配役会議のときに鉄上野介をてんぷくトリオの伊東四朗にやらせたいと言ったら、全員が反対したそうです。〝全員が反対したから余計使いたくなって、出てもらったんだ〟と、岡崎さんが教えてくれました。やっぱり笑いの人を大河ドラマに出すことには、抵抗があったんじゃないですかね」

全員に反対された初出演からトメを任されるまでになり、役柄においても百姓あがりの武士から法皇へと昇りつめた。伊東はドラマの内外でめざましい出世を遂げたことになる。

大河ドラマの歴史をみると、意外性をねらって芸人やコメディアンが重要な役に起用され、見事にハマってきた。例をあげれば、『独眼竜政宗《どくがんりゅうまさむね》』で鬼庭左月《おににわさげつ》役を熱演したいかりや長介や、『太平記』で北条高時《たかとき》役を怪演した片岡鶴太郎がいる。彼らはその役をきっかけに役者として大成していった。近年は、芸人のキャスティング自体が珍しいことではない。伊東はその先駆けであり、結果的に後に続く道を切り拓いたのである。

石井均一座で映画デビュー

伊東の映画デビューは一九六一年五月、二十三歳のときだった。新宿松竹演芸場で人気を集めていた石井均一座に東映が目をつけ、石井を主演にした喜劇映画を立て続けに企画したのである。製作はニュー東映が行い、同年八月までに『がめつい奴は損をする』『べっぴんさんに気をつけろ』『カメラトップ屋　お嬢さんが狙ってる』『カメラトップ屋　お色気無手勝流』の四本が公開され、一座の座員が総出演した。伊東も伊藤証の芸名でスクリーンデビューを果たしている。撮影は大泉にある東映東京撮影所で行われ、監督はサイレント期から活躍するベテランの小石栄一が務めた。

「小石監督は東映のなかで〝天皇〟と言われてましたね。怖い人でした。まだフィルムが貴重なころでしたから、NGを出すと〝ニュー東映にNGなし！〟って怒鳴るんですよ。ビクビクしながらやってましたね。

撮影中に大恥かいたことがありました。キャバレーのボーイ役がお盆を持ってきて客に挨拶するシーンで何回もNGを出したんです。監督が〝カット、おまえダメ〟と言ったときに私と目が合っちゃった。〝伊藤君、ちょっと来て、同じことやってみて〟と指名されてやってみたら、〝カット、ちっとも変わらん！〟って（笑）。もう強烈な印象が残ってます」

ニュー東映は、配給収入でトップを走る東映がシェア拡大を目指し、もう一つの配給系統を確立すべく発足させた映画会社である。当初は第二東映の名で一九六〇年三月から配給を開始し、翌年にニュー東映と改称した。当時の日本映画界は一九五八年をピークに年間入場者数がマイナスに転じていたが、東映は三割ちかいシェアを占め、勢いに乗っていた。とはいえ、配給系統を増やすためには、映画を量産しなければならない。撮影所は徹夜続きで、従来なら一本の映画に一ヶ月かけていたが、第二東映では十日で撮っていたという。あきらかに粗製濫造で、現場は過酷な労働環境が強いられていた。「ニュー東映にNGなし」の言葉からは、そんな会社の内情がうかがえる。

結局、東映の目論見は失敗し、ニュー東映は一九六一年末に消滅した。第二東映およびニュー東映の活動はわずか二年足らずで終わる。無謀な計画は現場を混乱させただけだったが、その一方で、スター不足を補うために若手が抜擢された。その一人が里見浩太朗である。里見は一九五六年に東映第三期ニューフェイスとして東映に入社していた。

一九六一年十月に公開された里見の主演映画『お世継ぎ初道中』には、石井均一座が出演している。内容は柳家金語楼をはじめ多数の喜劇役者が出演する時代劇コメディで、撮影は東映京都撮影所で行われた。

「私も京都まで行きました。一座にいた財津一郎さんも出てて、時代劇なのに腕時計をしてたから怒られてましたよ。撮影中に〝なんかピカッとしたぞ！〟って監督に見つかって、〝君は常識がないな〟って（笑）。

その映画で里見さんが主題歌を歌ってたんですよ。のちに里見さんと映画の話をしてたら、私がその主題歌を覚えてたんでビックリしてました。〝そんなの覚えてる人いない〟って言われましたね」

てんぷくトリオの結成後は、トリオでの喜劇映画への出演が続いた。一九五〇年代から六〇年代にかけては、東宝を中心に喜劇映画のシリーズが積極的につくられた時代で、喜劇人が映画に出る機会も多かった。なかでも東宝の屋台骨を支えたのは、森繁久彌主演の「社長シリーズ」や、森繁・伴淳三郎・フランキー堺の三人が主演する「駅前シリーズ」である。まさに喜劇映画は森繁の時代だった。てんぷくトリオは「駅前シリーズ」第二十一作『喜劇駅前百年』（一九六七年）と第二十二作『喜劇駅前開運』（一九六八年）に出演している。伊東にとっては憧れの森繁との初めての共演であり、さらに『喜劇駅前百年』には三木のり平も出ていた。森繁が主演する喜劇映画のシリーズは一九七〇年までに相次いで終了するため、伊東はその最後にギリギリ間に合ったといえる。

一方で、テレビの隆盛によって『てなもんや三度笠』などの人気番組が次々に映画化され、テレビの人気者が映画へと進出した。一九六〇年代半ばの演芸ブームの折には、テレビで人気者になった落語家や漫才師を集めた「落語野郎シリーズ」がつくられ、てんぷくトリオも出演している。

数々の映画のなかでも最大の異色作が、一九六八年公開の『進め！ジャガーズ敵前上陸』だろう。グループ・サウンズのザ・ジャガーズが主演し、小林信彦が脚本を手がけた同作は、「カルト映画」の呼び声も高い。てんぷくトリオは珍しく敵味方に別れ、三波と戸塚が悪の手下に、伊東はジャガーズの仲間に配役された。伊東の出番は多く、実質的に準主役級の扱いである。なお、悪の首領役ははじめ大橋巨泉にオファーしたが断られ、次に監督の前田陽一が三島由紀夫に電話したところ、興味を示したもののスケジュールの都合で実現しなかったという。結局は悪役でお馴染みの内田朝雄が演じている。

内容はジャガーズが金密輸団の国際犯罪に巻き込まれるドタバタ映画で、ジャガーズが敵の本拠地のある硫黄島に上陸し、生き残った日本兵と協力して敵を殲滅《せんめつ》するという荒唐無稽さだ。最後に悪の首領が自爆するシーンは、ゴダール監督の『気狂いピエロ』のパロディである。映画批評家の四方田犬彦《よもたいぬひこ》は、「日本で最初に行なわれたゴダールのスラプスティックのパロディとして、記念されるべき怪作」と評価している（『日本映画史１１０年』）。

「撮影は真冬の二月でした。江の島沖にボートを出して、半袖半ズボンになって六時間も撮影したんですっかり冷えきってしまって。帰りの車のなかは暖房を最強にしましたけど、ちっとも暖まんない。うち帰って風呂に入っても、お湯のなかで震えてましたよ。もう骨の髄まで冷えきってました。映画ってのはすごいことするなと思いましたね。

けっこう理不尽なこともありましたよ。雪山で追っかけられるシーンでは、スキーのリフトから降りて〝うわあー！〟っていう芝居をやってたら、監督が〝そんなオーバーな芝居して、しょうがねえな。もっと普通にやってよ〟と言うんです。それでもう一回、今度は普通にやってみたら〝それでいいんだよ〟ってOKが出た。あとになって、そのシーンのラッシュをスタッフと見てたんですが、監督が〝何だこれ。これじゃ身もふたもないな〟って言うんですよ。結局、オーバーな方を使ってましたね。そのときはもう信用できなくなりました（笑）」

長年、様々な監督の撮影現場を見てきた伊東は、「映画は監督のものだ」と語る。

「映画はカット割りの世界ですから。お客さんは、おかしいセリフがあってもすぐに笑わないで、次のカットになってから笑うんですよ。だから、カットの仕方やつなぎ方で全然ちがってきます。役者が踏み込む余地はないですね。

喜劇映画はとくに難しい。自分が出た作品でも、ブツブツ言いながら見てますよ。そのへんがお客になれない悲しさなんですが。反対に、カットの仕方のうまい人のを見ると、絶妙だなって感激しますよ」

市川崑監督の言葉

役者としての伊東の活躍を予言した人物が、映画監督の市川崑である。一九六八年元日の『朝日新聞』に「'68年に期待する 私の好きな新進」というコーナーがあり、市川が伊東の名前をあげて次のように評した。

「てんぷくトリオの中の一番若くて一番やせている人。演技開眼したらしく、からだとセリフのタイミングが見事。おもしろい」

このとき伊東はまだシリアスな演技を見せていない。あくまでてんぷくトリオのコントだけを見ての評価である。市川は初期に都会的センスあふれる喜劇映画をいくつも撮っており、その目で伊東の資質を見抜いたのだろう。一方でてんぷくトリオも役者としての心構えでコントを演じていたのだから、その姿勢が分かる人には分かっていたのだ。

市川の言葉は、伊東にとって大きな励みになった。その直後に『進め！ジャガーズ敵前上陸』に準主役級で配役され、翌年に『天と地と』へ出演する。ＮＨＫの大河ドラマは知名度を一気に全国へと広げた。

一九六三年に放送を開始した大河ドラマは『天と地と』で七作目を迎え、初のカラー作品として制作された。戦国時代を舞台にしているため背景の色が地味な分、色とりどりの甲冑が鮮やかに際立って見える。だが、まだカメラの感度が悪く、撮影の際はかなり強い照明を当てなければならなかった。

「カラー第一作ですから撮影は大変で、けっこう照明もきつかったですね。あのころはまだつくり物の鎧兜《よろいかぶと》じゃなくて、本物だったんですよ。ものすごい重さで、うちへ帰ると背が低くなってました。これ、本当なんです。家のなかに頭がギリギリぶつかるところがあるんですけど、帰ると全くもう通っちゃって。体が縮みました。

まだカラーの受像機を持ってる人が少ないころでしたね。私も持ってなかったんで、石坂浩二さんのマンションへ見に行かせてもらったこともありました」

大河ドラマは直近二作の平均視聴率が一〇％台だったため、本作がコケたら終了する予定だった。だが、結果は平均視聴率二五％、最高視聴率三二・四％を獲得し、大きく息を吹き返した。その意味でも、『天と地と』は大河ドラマの歴史のなかで記念碑的な作品となった。

伊東はその後、大河ドラマに四作品出演している。一九八九年の『春日局《かすがのつぼね》』では徳川家光側室お楽の方の養父七沢作兵衛《しちざわさくべえ》、二〇〇一年の『北条時宗』では鎌倉幕府第七代執権の北条政村、二〇〇四年の『新選組！』では八木家当主の八木源之丞《げんのじょう》、そして二〇一二年の『平清盛』で白河法皇を演じた。長年の役者人生のなかで、大河ドラマは様々な人との縁をつないだ。

「『北条時宗』で渡辺謙さんと共演したとき、撮影の合間に〝伊東さんをずっと前に見てるんです。『天と地と』で新潟にロケに来たとき、学校をサボって見に行きましたから〟って言われました。そういう話を聞くとうれしいですね。どういうきっかけでこの世界に入ったか知りませんけど、ロケを見て多少は影響を受けたのかなと思うと、やっぱりうれしい。あいう名優が出てきてくれたわけですからね。『平清盛』のときは、『天と地と』で殺陣を指導してくださった林邦史朗《くにしろう》さんと再会しました。あまり変わってなかったので、すぐに分かったんです。何十年も経って同じ仕事ができるというのは感慨深いですね」

伊東は大河ドラマにくわえて、時代劇への出演も多い。時代劇に必要な所作を身につけ、笑いもできる伊東は、同心や岡っ引きなど時代劇の主役を盛り上げる脇役として欠かせない存在である。初のレギュラーは一九七一年にスタートした杉良太郎主演の『一心太助』で、志村喬《たかし》演じる大久保彦左衛門に仕える用人役《ようにん》だった。「杉さんは私を気に入ってくれたんでしょうね」と語るように、それ以降も杉主演の時代劇には『遠山の金さん』(テレビ朝日)、『同心暁蘭之介《あかつきらんのすけ》』(フジテレビ)、『右門捕物帖』(日本テレビ)と、テレビ局をまたいでレギュラーで呼ばれた。

なかでも『遠山の金さん』を放送していた一九七七年は「電線音頭」が大ヒットした年であり、ハードなスケジュールの合間を縫うようにして京都の撮影所へ通った。

「あのころはどういうスケジュールだったのか、もう分かんない。『笑って』と『みごろ』で週何本ぐらいコントをやってたのか。並行して『ピンチヒッターショー』をやって、『ムー』をやって、『遠山の金さん』を京都まで行って撮ってましたから。今振り返ってみても、よくやったもんだなと思いますね。

京都ではみんなが気を使ってくれましたよ。私が現場入りすると〝じゃあ、伊東さんからいこう〟なんて言ってくれてね。そのときは台本を八話分持ってました。そのシーンが終わったら別のステージへ行って、〝伊東さんが来たぞ。じゃあ、暖簾をくぐって、首かしげて歩いてください〟〝それ、どういう意味ですか？〟〝いいんです。そのままやってくれりゃあいいんです〟って。そんなふうにみんなが協力してくれました。

京都が一番活気ある時代でした。同時期に『水戸黄門』や大川橋蔵さんの『銭形平次』を撮ってましたし、もうスタジオがどこも満杯でしたね」

さらに年末には、フジテレビの『望郷 日本最初の第九交響曲』に出演した。一九一八年、第一次世界大戦で捕虜になったドイツ人が、徳島の板東《ばんどう》俘虜《ふりょ》収容所で日本初の「第九」を演奏した史実を描くドキュメンタリードラマである。伊東は語りべとなる巡査役だった。制作会社であるテレビマンユニオンの今野勉《こんのつとむ》からオファーを受けたとき、日本全国が「電線音頭」ブームの真っ只中だったため、伊東はベンジャミンの存在がドラマにとってデメリットになるのではないかと考えたという。

「最初、今野さんは電線音頭を知らないんだと思ったんです。だから、〝実は今、電線音頭で世間を騒がせているんですが、それでもよろしいでしょうか〟と言ったら、平然とした顔で〝知ってますよ。それがどうかしましたか？　話を続けます〟と。こういう人がいるんだって驚きましたね。ベンジャミンとは別人格として自分を扱ってくれたわけですから」

プロデューサーや演出家は自分の表面だけでなく、いろいろな角度から見てくれている。

そのことを実感した伊東は、なるべく専門家にゆだねようと考えた。その結果、伊東の役柄はますます広がっていった。

久世光彦のホームドラマ

一九七〇年代のTBS「水曜劇場」はホームドラマの枠組みを使いながら、歌やコントなどのバラエティ要素を入れ込んだ実験的なドラマシリーズだった。一九七〇年に放送開始した『時間ですよ』は東京の銭湯を舞台に、堺正章や樹木希林（当時は悠木千帆《ゆうきちほ》）らが「トリオ・ザ・銭湯」を結成してコントを演じ、ギャグのためにウルトラマンまで登場した。向田邦子が脚本を書いた『寺内貫太郎一家』では、生放送回で妻役の加藤治子《はるこ》が本当にケガしたように見せるドッキリを視聴者に仕掛けたり、食卓の献立をテロップで流したりしている。「水曜劇場」はドラマでありながらバラエティでもあり、そのスタイルが幅広い支持を得てヒット作を連発した。

それらの番組を手がけた中心人物が、プロデューサー兼演出の久世光彦《くぜてるひこ》である。一九三五年生まれの久世は東京大学文学部を卒業後、一九六〇年にラジオ東京（のちのTBS）に入社し、数多くのドラマを演出した。久世は自らの笑いの原点が戦後に見たアメリカのスラップスティック・コメディにあると語る。また、森繁といかりや長介を師匠と仰ぎ、喜劇や笑いに対して強いこだわりをもっていた。「喜劇の伝統を感じさせる笑いを復活させたかった」

という久世は、「水曜劇場」に伴淳三郎や由利徹、左とん平といった東京の喜劇人を数多く起用している（『「時間ですよ」を作った男――久世光彦のドラマ世界』）。久世および「水曜劇場」はテレビドラマ史だけでなく、東京喜劇史においても重要な存在だろう。

久世のドラマは高い視聴率を獲得していたが、一九七六年に裏番組で『欽ちゃんのどこまでやるの！』（以下『欽どこ』）がはじまると、劣勢に立たされた。『欽どこ』はお茶の間を舞台にしたホームドラマ形式のコント番組で、「水曜劇場」がバラエティのようなドラマなら、『欽どこ』はドラマのようなバラエティだった。久世は『欽どこ』に対抗すべく、より笑いに重きを置いた新しいドラマを企画する。それが一九七七年五月にスタートした『ムー』である。

久世は企画段階で「『ムー』のゲリラ宣言」と題した二十七項目からなるメモを作成した。それは久世のテレビ論であり、喜劇論でもある。そのメモからいくつか抜粋しよう（『サンデー毎日』一九七七年七月十日号）。

②もはや過去の「時間ですよ」「貫太郎」シリーズの視聴者は潜在的にであれ、皆無と考えなければいけないし、その方が正しい。全く新しい番組を開発する心構えと新しいアングルを持つこと。

⑥笑い八分の涙二分。疫病のごとき笑いはまん延する。疫病とはNOWということ。

⑧ゲリラはスキャンダラスであり、ファッショナブルでなければならない。

⑮リハーサルを徹底的にやり、最も上等な芝居を安く見せる。

『ムー』および続編の『ムー一族』はタイトルからして異色だった。その名前からは誰もホームドラマと思わない。久世は短くて音の響きが良いという理由だけで決め、「ムー大陸」とは何の関係もなかった。舞台は築地に近い新富町《しんとみちょう》にある足袋の老舗「うさぎや」で、出演者には「水曜劇場」常連の樹木希林、伴淳三郎、由利徹、左とん平がそろっている。そして、一家の主人役にキャスティングされたのが伊東だった。伊東はすでに久世ドラマを経験していたが、「水曜劇場」のレギュラーは初めてである。当時三十九歳の伊東に対して、役の年齢は四十八歳だった。

「とん平ちゃんとは同い年なんですけど、あちらは足袋屋の職人ですから。私は実年齢より上の役が多かったですよ。見た目がそうだったんでしょうねえ。

伴淳三郎さんは『アジャパー天国』とかを見てましたけど、『飢餓海峡』ではすごい芝居をする人なんだなと思いました。『ムー』のときはセリフ覚えがあんまりよろしくなかったですよ。きっかけを忘れちゃう。茶の間で食卓を囲むシーンで、〝俺のしゃべり出しのときに、足のばしてポンと蹴っ飛ばしてくれよ〟って言われて、私がポンとやったら〝強すぎんだよ！〟なんて（笑）。みんな笑っちゃうようなことがありましたね」

『ムー』は「笑い八分の涙二分」の言葉通り、それまでよりもコントやギャグのシーンが多い。久世ドラマの笑いは一見アドリブのようだが、実際は念入りに稽古を積み重ねていた。

目指したのは稽古した上でアドリブに見える笑いだ。久世は自ら志願して『8時だョ！全員集合』を演出したこともあり、つくり込んだ笑いを追求した。そのため、必然的に稽古が長くなる。

「『ムー』は稽古を入れて週四日。月曜と火曜に稽古して、水曜と木曜が撮りでしたね。稽古で行き詰まってくると、宿題になるんですよ。宿題というのも困るんだよなあ。どんなことを考えていったらいいのか、よく分からなくて」

伊東と夫婦役を演じた渡辺美佐子によれば、稽古では観客席のように椅子を並べてスタッフが座り、役者はいかにスタッフを笑わせるかを競っていたという。稽古のなかで脚本がどんどん変わっていく。新劇出身の渡辺は、伊東をはじめ喜劇人たちの演技を次のように振り返った。

旦那役の伊東四朗さんが浮気をして朝帰りするシーンで、仕事場で私が電話してるとこっそり帰ってきた彼と目があう。目があった瞬間に伊東四朗さん、どうしたと思います？ 後ろにポーンって跳んだんですよ！ 2メートルぐらい。普通なら慌てて目を伏せるとか逃げるとかでしょ、ポーンと跳ばれた。スタッフを笑わせるためのみんなの意気込みがすごかったですね。…（中略）…私たち新劇の人は跳べない。邪道だからといって、そういう教育を受けていないわけです。でも喜劇の人はそういうことを必死で考えている。どうやって喜怒哀楽を普通とは違うかたちで表現できるのか。その差を毎日見せつけられていましたね。（『大テレビドラマ博覧会』）

一九七八年五月からの『ムー一族』もほぼ同じメンバーで、バラエティ化がさらに進んだ。出演者に内緒のまま収録中にドリフのメンバーを乱入させたり、『全員集合』のようにホールを借りてセットを組み、公開生放送を行ったりしている。また、エジプトでのロケを敢行し、その際にはナイル川のほとりでいつものように食卓を囲むというシュールな笑いを見せた。

計算したスラップスティックがある一方で、あえてハプニングもねらった。とくに失敗がつきものの生放送を大幅に増やしている。『ムー』では二回だけだったが、『ムー一族』は全三十九回中十二回が生放送だった。

「エジプトの砂漠で電線音頭をやらされましたよ。エジプト人が見てる前で（笑）。私は海外に行ったことがなかったんで、初めて行った外国がエジプトです。当時は二十二時間かかりました。久世さんは飛行機が苦手だから行かなかった。〝それはないだろう。私だって苦手なんだから〟と思いましたよ（笑）。伴さんも行ってないんですけど、うっかり〝エジプトなんて嫌だよ〟と言ったことが徒になったらしくて。すごく後悔して、悔し涙に暮れてたみたいです。

生放送は稽古をやりすぎるから、生の魅力というか、ちょっとした失敗みたいのがなくなっちゃうんですよ。それで、久世さんから本番前に〝あそこでわざとトチッてくれ〟って言われました。驚きましたね。どっか未完成な方がいいみたいです」

久世は一九七九年にＴＢＳを退社して独立した。その後、制作会社のカノックスを設立し、引き続きドラマの制作に幅広く携わった。伊東も多くの作品に出演している。オファーされる役は、当時の言葉でいえば「オカマっぽい役」が多かった。だが、伊東はなぜ何度も呼んでもらえたのか分からないと語る。

「癖のある人でしたね。クセさんですから（笑）。打ち合わせのときに厳しい注文があるんですが、変な役をやらせておいて〝この役は客が笑ったら絶対ダメだからね〟って。私のことを好きなのか嫌いなのか分からなかった。嫌なやつを使う楽しみみたいなのはあったのかなあ。好かれてると思ったことはないです」

はたして久世は伊東のことをどう思っていたのか。次の証言が残っている。

僕の知る限り、喜劇役者には多かれ少なかれアナーキーなところがあるけど、伊東さんは特にそうだと思う。ある役柄にピタリとはまると、狂気を帯びたように演じてくれる。きっとそんなことを感じていたから、あえて少し変わった役をやってもらったんじゃないかな。（『「時間ですよ」を作った男――久世光彦のドラマ世界』）

久世は別のインタビューで、「ぼくがやりたいのは、上等な役者が滑ったり、転んだりすることで起こす笑いなんです。上等というのは志があるということ」とも語っている（『東京人』一九九七年六月号）。これを読むと、伊東は久世のやりたいことを具現化できる存在だったように思うが、どうだろうか。

『おしん』の父親と喪黒福造

マンザイブームとともに幕を開けた一九八〇年代、テレビの世界はつくり込む笑いから、アドリブやハプニングを重視するドキュメンタリーの笑いへと傾斜していった。その結果、従来のようなコント番組が減り、「水曜劇場」も一九八二年に終了する。すでに四十代に達していた伊東は、引き続きバラエティ番組の司会役などで活躍する一方、シリアスなドラマの仕事が増えていった。なかでも一九八三年四月から一年間放送したNHK連続テレビ小説『おしん』は、憎まれ役としての伊東の存在感が全国に浸透した。

『おしん』は山形の貧しい農家に生まれたおしんが明治、大正、昭和を生き抜く一代記である。脚本は橋田壽賀子、おしんは少女期を小林綾子、成年期を田中裕子、熟年期を乙羽《おとわ》信子に分けて演じられた。伊東が演じた父親の作造は、まだ幼いおしんを殴りつけることもある厳しい役どころだ。

物語の序盤、七歳のおしんは米一俵と引き換えに奉公に出される。あたり一面雪景色のなか、おしんは奉公先に行くために最上川を筏《いかだ》で下っていく。その途中で川岸に作造の姿を見つけ、「父ちゃーん！」と声をあげると、作造はこけつまろびつしながら追いかけて「おしーん！」と叫ぶ。親子の別れは屈指の名場面となった。

「そのシーンは山形ロケで最初に撮影したんですが、実はおしんとは別撮りでした。小林綾子ちゃんのシーンが先に撮り終わって、別日に私が誰もいない川に向かって走ったんです。綾子ちゃんが撮ったときは晴れてたんですが、次の日からずっと吹雪いてて。スタッフが〝このままだとつながらない〟と心配してましたが、何とか晴れて助かりました。

撮影に入る前に、本が何十冊も来たときは驚きましたね。橋田さんのセリフは長いなんてもんじゃない。台本で十一頁にわたってしゃべったことがありますよ。相手役はほとんど〝……〟なんです。そのときは現場で音付けもしてました。普通ならドラマの音楽は編集で後から付けるんですが、なぜかスタジオに音楽を流しながらの撮影で。〝この音のあたりで戸から外へ出てください〟と指示されて、〝それを聴きながら十一頁もしゃべるなんてあんまりだ〟って思いましたけどね」

『おしん』は空前の社会現象を巻き起こした。「おしんドローム」という言葉が流行語になり、ドラマに熱中した視聴者から「おしんに渡してほしい」と米やお金がＮＨＫに届けられたという。平均視聴率五二・六％、最高視聴率六二・九％は日本のテレビドラマにおける最高記録である。さらに国内だけでなく、世界の六十以上の国と地域でも放送され、大きな反響を呼んだ。

「見てる人も本気になったんでしょうね。私の家に怒鳴り込んできた人もいましたよ。女房が庭先でやりとりしたんですが、〝ここがおしんの父親の家か。おしんをいじめるのもいい加減にしろ〟と言って帰ってったって。

作造が病気で死んでいくシーンを撮ったとき、おしんの小さいころを思い出してたら、なんとなく涙が出てきたんですよ。そしたらスタッフに〝泣くな〟と言われました。〝伊東さんの役は最期までヤワじゃない。キツイ親でいてほしいから泣かないでくれ〟って。作造はそういう人物だったんですね。

オーストラリアに行ったとき、パスポートを調べる係官が私の顔をジーッと見るんですよ。〝どこかで見たことあるぞ〟って顔して、最後にようやくハンコを押してました。あれはやっぱり南半球でも『おしん』を見てたんでしょうね」

国民的ドラマに出演する一方で、同年に戸塚ヨットスクールを題材とした賛否両論の映画『スパルタの海』に主演している。監督は吉永小百合主演の『青い山脈』や、山口百恵主演の『伊豆の踊子』を撮った西河克己《にしかわかつみ》で、伊東は校長の戸塚宏を演じた。戸塚ヨットスクールは訓練生の死亡事件を起こしており、映画のなかでは生々しい体罰シーンが描かれている。『スパルタの海』は公開直前に戸塚が逮捕されたためお蔵入りになったが、二〇一一年に劇場公開された。

「結局、私には戸塚校長の心理は分からなかったなあ。どういう人なのか。全部が現地ロケでしたから、撮影中もどこかの家庭から捕まえてきたってことがありましたね。

実在の人物を演じるのはプレッシャーですよ。たくさんの人がその人のことを知っていて、私が一番知らないわけでしょう。本当のことをいえば、実在の人物はやりたくないですね。

歴史上の人物はいいんですよ、誰も見たことないんですから」

自然でリアルな演技が求められる役もあれば、マンガやアニメの実写版のように誇張されたキャラクターを演じることも多い。少し年代は戻るが、一九七四年に伊東は『ルパン三世』初の実写版『ルパン三世 念力珍作戦』に銭形警部役で出演している。主演のルパン三世は目黒祐樹、ほかに峰不二子を江崎英子《えいこ》、次元大介を田中邦衛《くにえ》が演じた。

「これはだまされましたね（笑）。オールアフレコなんですよ、そんなこと全然聞いてなくて。撮影がはじまったとき、スタジオのドアが開いたまんまなんですよ。〝あのドア閉めなくていいんですか？〟〝これアフレコだから〟〝今日のところがアフレコですか？〟〝いや、全編〟と言われて〝えーっ！〟ってなりました。追っかけシーンの速回しの声も、機械でつくるんじゃなくて、自分の声で出してくれって。田中邦衛さんが〝伊東ちゃんにはできても俺はできねえ〟と言ってましたね」

架空のキャラクターの極めつきは『笑ゥせぇるすまん』だろう。藤子不二雄Ⓐ原作の『笑ゥせぇるすまん』は一九九九年にテレビ朝日でテレビドラマ化され、伊東の演じる喪黒《もぐろ》福造《ふくぞう》が強烈なインパクトを残した。

「最初にテレビ局から話があったとき、真っ先にお断りしましたよ。アニメの大平透《とおる》さんの声が浸透してますから、実写は無理だろうと思いました。そしたら藤子さんに呼ばれて、〝君しかおらんのだ〟って。引き受けたからには精一杯やりましたけど、あんなに苦労したものはないですね」

伊東は喪黒福造を研究し、いくつかの決め事をつくっている。まばたきをしない、首を引っ込める、ガニ股で歩く。そのため、終わった後にはドライアイになっていたという。どんな仕事も手を抜かない姿勢はここでも徹底している。

マンガのキャラクターまで演じた伊東が「これ以上ないプレッシャーを感じた」と語るのが、落語家の師匠役だ。二〇〇七年に公開された平山秀幸監督の映画『しゃべれどもしゃべれども』では、国分太一演じる二つ目の落語家の師匠今昔亭小三文《こんじゃくていこさんもん》を演じた。映画のなかに小三文が十八番の「火焔太鼓《かえんだいこ》」を披露するシーンがある。真夜中の新宿末廣亭にエキストラの観客を入れ、小三文に扮した伊東が高座に上がった。エキストラとはいえ、テストを重ねると笑わなくなるだろうからと、リハーサルをせずに長回しで撮影された。

「噺はマクラだけと聞いて引き受けたんですが、実際は丸々一本を覚えてほしいと言われました。だまされましたね（笑）。最初から全部やると分かってたら、一〇〇％断ってます。

結局、自分の部屋にこもって覚えました。参考に志ん生さんや志ん朝さんのを聴いたんですけど、師匠の役ですから、誰かのマネをしちゃいけないわけですよ。マクラも自分で考えて、いろいろ工夫しました。使われたのは二、三分でしたけど、一席全部やりましたよ。試練でしたね」

これまでに演じてきた役は、ざっと数えただけで数百にのぼる。どんな役がやりやすいかを聞くと、伊東は次のように答えた。

「自分に似ている役は演じ甲斐がないですね。私は自分自身から遠い役の方がうれしいです。

楽はしたくないですから」

伊丹十三の配役

「百の演技指導も、一つの打ってつけな配役にはかなわない」

伊丹十三《じゅうぞう》の父であり、日本映画史に名を残す巨匠・伊丹万作《まんさく》の言葉である。伊丹十三もまた、「キャスティングは演出の仕事の半分」という信条をもち、自らの映画には慎重に役者を選んでいった。常連は何度も主演した宮本信子のほか、ベテランでは山﨑努《つとむ》、津川雅彦、大滝秀治《ひでじ》、宝田明、高橋長英《ちょうえい》、抜擢された役者には大地康雄、村田雄浩《たけひろ》、六《む》平《さか》直政といった濃いメンバーが並ぶ。伊東も初期からの常連のように思えるが、全十作品中の三作品だけだ。それだけ強烈な印象を残したということだろう。

初出演は一九八七年公開の『マルサの女』である。国税局査察部、通称マルサを描いた作品で、伊東は脱税を指摘されるパチンコ屋の社長を演じた。鼈甲《べっこう》のメガネをかけ、臙脂《えんじ》色のジャージにサンダル姿で、問い詰められると本当に泣いてみせるしたたかな役だ。

伊丹は役者に「さりげない演技」を求める。一方で、人物造形においてはなにがしかの誇張が必要だともいう。では、どうすべきか。伊丹は「シナリオや、衣裳合せの段階でその人物の必要な誇張は全部済んでる、というのがさりげない演技の条件だと思うんです」と語る(『伊丹十三の映画』)。実際、伊丹は衣装や小道具選びにじゅうぶんな時間をかけ、万端の準備を整えて撮影に臨んだ。

「衣装合わせは大変でした。最初にジャージを着たんですが、それから延々といろんなものを着て、また最初のジャージに戻って〝それにする〟って言われたときはガクッときましたよ（笑）。

　伊丹さんの演出は細かかったですね。〝そこ、五センチ寄ってくれ〟とか〝五センチ引っ込んでくれ〟とかって言われましたよ。〝動いてるカメラ見ながら芝居してくれる？〟というのもあったな。その通りにやると機嫌がいい人で。よく理解してくれる役者を好みましたね」

　役者はセリフのスピードや息継ぎまで指摘され、動きが少しでもズレるとやり直しになる。また、画面に映るものには細心の注意が払われ、美術スタッフには難しい注文が飛んだ。『マルサの女』での伊東のシーンは、千歳烏山《ちとせからすやま》駅にあるパチンコ店の前の通りで撮影されたが、背景がつまらないからと、つくりもののたるんだ電線を横に這わせている。

「ロケでは一般人も巻き込んでましたね。通りを歩いてる人はエキストラじゃないんで、こっちを不思議そうな顔で見てる。今ではこんな撮り方はできないでしょう。

　そのとき、やってるうちに伊丹さんから〝カット！　伊東さん、『お笑いオンステージ』みたいな芝居しないの〟と言われたんで、〝だって私は『お笑いオンステージ』なんです〟って反論しましたよ（笑）」

　伊東の演技は、伊丹が求める理想に見事にハマったようだ。伊丹は映画の制作過程を細かく記した『「マルサの女」日記』のなかで、次のように書いている。

伊東氏の演技はきわめて水準高く、演出していてすこぶる気持が良い。自分の役をはっきり知っており、それを多彩なテクニックでうまく際立たせて楽しんでおり、しかもそれが技巧のための技巧におちいらず、また、かなり下品な人物を作りながら芝居が節度を失わず、卑しくならない。

五十代の伊東はテレビドラマではお父さん役が多かったが、伊丹映画に出るときは癖のある悪役ばかりだ。なかでも一九九二年の『ミンボーの女』では「最恐」のヤクザ像をつくり上げた。

『ミンボーの女』はヤクザの民事介入暴力をテーマにし、ホテルを強請《ゆす》るヤクザとの戦いを描いている。舞台となるホテルは、開業前のハウステンボス内の「ホテルヨーロッパ」を使って撮影された。伊東の演じるヤクザは、ホテルの総支配人との賭けゴルフをきっかけにしてホテルに食い込んでいく。スキャンダルをでっちあげ、ついには十億円を要求するに至る。総支配人は宝田明が演じた。

「初稿ではゴルフ場で宝田さんを引っ掛けるシーンだけだったみたいですね。その後、監督から〝おとなしい方と怒鳴る方とどっちがいい？〟と聞かれて、おとなしい方にしてもらいました。そしたら、そちらを膨らませた第二稿が上がってきたんです。

メイクのとき、監督に〝ちょっとシャドーを入れて、おっかない顔にしましょうか?〟と言ったら、〝いや、伊東さんはノーメイク〟って。みんなの前でそれを言うんですよ。思わずムッとしたんですけど(笑)」

普段は穏やかに話しているが、宮本信子演じる弁護士に相対して、一度だけ大声で凄むシーンがある。パンフレットによれば、監督から次のセリフを一息で言うように指示が出たという。「男が一旦約束したのをゼロにして逃げるっていうなら、ガーンといきますよ。わかっておられるんだろうね。でっかい口たたきやがって、コラッ! 弁護士だと思ってなめた口きくと承知しねえぞ! オイッ、お前、弁護士!」。内に秘めた凄みがほとばしる、映画で最も怖いシーンである。

建設中のビルの上で総支配人を脅す場面では、伊東は色の濃いサングラスをかけて登場する。撮影は実際の工事現場を使って行われた。

「私は高いところがダメなんで、前もって監督に言っといたんですよ。〝じゃあ、二階で撮影して、それを高く見えるようにしますから大丈夫〟と約束してくれたんですが、本番当日になったら十何階まで連れていかれて。鉄骨だけですから怖かった。もうセリフどころじゃない。目が泳いでキョロキョロしちゃうから、サングラスをかけさせてくれってお願いしました。ヤクザだから色メガネをかけてたわけじゃないんですよ」

伊東が悪役を演じるとなぜ怖いのか。山藤章二《やまふじしょうじ》は伊東の怖さについて、次のように考察している。

舞台出身の喜劇役者が、ふだんのふざけた表情を押さえて真面目な顔をすると、ナミでない凄味が出るものだ。三木のり平、由利徹、渥美清、みんなコワイ顔を持っている。中でも、見る者の背すじを凍らせる冷血さでは、伊東四朗がピカ一だろう。彼を主役にした犯罪映画がないのが不思議なくらいだ。この、喜劇役者の二面性という大疑問について、深く考察を加えようとしたとたん、あっけなく解答が出てしまった。答は「圧縮比」である

——

演技とは本質的に過剰なものだが、喜劇はとりわけて過剰演技である。その過剰な表現力をもった役者が、一転、すべてを圧し殺して内面的演技を試みる時、持前の溢れんばかりの表現力を猛烈に圧縮するわけで、ふつうの役者が殺した演技をするのとは「圧縮比」がダンゼン違うのである。凄味が出るのも当然である。（『オール曲者』）

喜劇人なのに怖いのではなく、喜劇人だからこそ怖いのだ。伊丹作品では、伊東の「圧縮比」が存分に発揮された。

映画は大ヒットを記録したが、公開直後に伊丹が暴力団に襲われ、重傷を負った。犯人が逮捕されたのは事件から七ヶ月後である。

「私の家の周りにも妙な人がうろうろしてたんですが、実はおまわりさんでした。〃ちょっと警戒させていただいてます〃って。そのころは仕事で京都に通ってたんで、〃京都駅では

気をつけてください。なるべくプラットホームの前の方に立たないように〟と言われました」

三本目が一九九六年の『スーパーの女』で、敵対するスーパー「安売り大魔王」の社長役だ。食品偽装を指示したり、職人の引き抜きを企んだりする悪徳ぶりだが、今回は幾分コミカルさもある。

「のっけのところで長回しがあったんですよ。津川さんと宮本さんと私のシーン。最初に津川さんがNGを出して、次に宮本さんがNGを出して、余計こっちにプレッシャーかかっちゃって。三回目にやっぱり私がNGを出して、〝これでおあいこ〟なんて、みんなで言った覚えがあります。クレーンを使った長回しのシーンでした。伊丹さんは長回しが多かったですね」

伊丹は一九九七年に六十四歳で亡くなった。同年公開の『マルタイの女』が遺作となったが、次回以降の映画の構想が何本もあったと言われている。なかには「伊東四朗で大江健三郎作品の映画化を考えていたそうだ」と書かれた資料もある（関川夏央『女優男優』）。この件について伊東に聞くと、「それは初耳です」という答えが返ってきた。

一方で、大江健三郎は伊丹の死後、伊丹をモデルにした人物が登場する小説『取り替え子』を書いている。そこには、残されたシナリオと絵コンテがあり、描かれた人物の一人が「大ヒットした喜劇映画のなかの、脱税を指摘されて泣きわめく――じつは、泣き真似をしている――自営業者役のコメディアンの風貌姿勢」と書かれている。あきらかに伊東のことだ。もちろん小説なのでフィクションの可能性もあるが、大江は何らかの構想を聞いていたのかもしれない。
いずれにしても伊丹の早逝によって、伊丹映画で活躍する伊東の姿を見られなくなったことは、かえすがえすも残念である。

心に残る共演者たち

伊東は芸能界に大勢の家族がいる。『ムー』シリーズで息子役だった郷ひろみは、今も会えば「お父さん」と呼ぶという。『おかしな刑事』で二十年にわたって娘役を演じてきた羽《は》田《だ》美智子も、伊東を父と慕う。ホームドラマやバラエティ番組『伊東家の食卓』で「日本のお父さん」イメージの強い伊東は、芸能界の子だくさんである。

夫婦役を演じた女優も数限りない。二〇一七年四月から半年間放送された『やすらぎの郷《さと》』は、大ベテランの豪華キャストが話題を呼んだドラマだ。伊東は出演していないが、女優陣の八千草薫、浅丘ルリ子、加賀まりこ、五月みどり、野際陽子……など、ほとんどの大女優と過去に夫婦役を経験している。

なかでも野際陽子とは、一九九三年に大ヒットしたドラマ『ダブル・キッチン』以降、TBSのホームドラマで何度も夫婦役を演じてきた。

「すごい女優さんでした。一緒にやってて、ワクワクするほどいい女優さんでした。コメディ感覚があって、こちらが何をぶつけても返してくれましたね。何回くらい夫婦をやったかなあ。一番多いかもしれない。野際さんと一緒だった何年間かは、私にとってとても貴重な時間でした。

野際さんはその場にぴったりのアドリブを言う人でしたよ。ちゃんと理にかなったアドリブです。『理想の結婚』のとき、野際さんと中村玉緒さんが丁々発止をやるシーンがありましてね。そしたら本番中に、玉緒さんが〝やめてえな。そんなセリフどこにあったん？〟って（笑）。いいアドリブだったけど、玉緒さんは初めて聞くセリフだったから耐えられなくなったみたいで。そのリアクションが面白かったことを覚えています」

女優との共演でいえば、『ムー』シリーズの樹木希林も印象深い。伊東とは夫婦役ではなく、主人と家政婦の関係だった。久世ドラマのコメディで活躍した樹木は、のちに日本を代表する大女優になっていく。

「希林さんと一緒に出ると、相手役が引き立つというのかな。もちろん本人も引き立つんだけど、それ以上に相手役が得しますよね。

最近、再放送された『ムー』を少しずつ見てるんですが、つくづくリズム感のいい人ですね。郷ひろみさんとの『お化けのロック』なんて、あの踊りはできませんよ。きっちり踊るとつまらなくなるところを崩してる。リズムが合ってて崩すところが玄人だなと思います。ある意味では、『ムー』と『ムー一族』の主役でしたね。

変わった車に乗ってたなあ。シトロエンの2CV。希林さんが私の家を訪ねてきたことがありましたね。私がいないときに、いきなりですよ。女房がビックリしてたら〝入るわよ〝ってどんどん入って、部屋をずーっと見て回って、〝このカーテンはダメね〟とか〝なんでこんなところに暖炉みたいなのつくるの?〟と言って、煙に巻いて帰ってったって(笑)」

伊東は長く続く人気ドラマシリーズにもレギュラーとして数多く出演している。なかでも西村京太郎原作のサスペンス『十津川《とつがわ》警部シリーズ』は、渡瀬恒彦の十津川警部、伊東の亀井刑事のコンビで、一九九二年から二〇一五年まで二十三年間に五十四作が制作された。各テレビ局も同シリーズを映像化しているが、現時点で渡瀬と伊東コンビが最多記録である。

「ドラマに呼んでもらう前から原作を読んでましたが、亀井刑事は西村先生をイメージしてたんです。自分が出るようになってからは、読んでても自分の顔が浮かんでくるようになりましたね。このシリーズは各局でいろんな人がやってますけど、渡瀬・伊東コンビが一番だと、私は思ってます。渡瀬さんが生きてたら、まだやってたんじゃないでしょうか。

渡瀬さんは十津川警部そのものです。だって普通は普段着で来て、現場で衣装に着替えるでしょう。渡瀬さんはスーツ姿で、家を出るときから十津川になってますよ。きちーんとした人で、撮影中は冗談も言いません。仲間内でも十津川のイメージが崩れるのが嫌なんでしょうね」

渡瀬は十津川警部を「自分の根幹」として大切にしていた。また、長年の相方である伊東への信頼も厚い。渡瀬は伊東について次のように語っている。

役者というのはオーバーな芝居をしたがるのですが、伊東さんは自分がやらなければいけないことはビシッとやるし、過剰な演技は絶対にしない。実に的を得た演技をされる役者さんだと尊敬しています。(『西村京太郎サスペンス十津川警部シリーズＤＶＤコレクション』vol.1)

伊東は時代劇においても人気シリーズに出演している。一九九〇年代に定期的に放送された北大路欣也主演の『銭形平次』では、ライバルの岡っ引き・三《み》の輪《わ》の万七《まんしち》を演じた。

「時代劇はやっぱり形ですね。どんなに上手な人でも、形が悪かったらダメでしょう。『銭形平次』のときは、欣也さんをよく見てました。歩き方、走り方、座り方、刀の差し方、立ち居振る舞いと、ずいぶん学びましたね。私は一緒にやって得しましたよ。欣也さんは時代劇のことなら何でも知ってますから。辞書みたいな人です。

お父さんの市川右太衛門《うたえもん》さんにラジオのゲストとして来てもらったことがありました。私は『旗本退屈男』のファンでしたから、緊張しましたね。話が盛り上がったときに、〝ところで、伊東さんはおいくつになりましたか？〟〝五十二になります〟〝お若いですなあ〟と言われたのがとても印象的でした。欣也さんもお父さんによく似てきましたね」

二〇一六年からは藤沢周平原作、北大路欣也主演の『三屋清左衛門残日録《みつやせいざえもんざんじつろく》』が、およそ年に一作のペースで制作されている。伊東は三屋清左衛門の盟友の佐伯熊太役で脇を固めている。時代劇の新作が少なくなっているなか、時代劇を継承する貴重な作品だ。同作は第六作が「ドイツ・ワールドメディアフェスティバル2023」エンターテインメント部門で金賞を受賞し、二〇二三年にシリーズ七作目に突入した。

脇役として生きる

『仮名手本忠臣蔵』の「道行旅路《みちゆきたびじ》の花聟《はなむこ》」は、お軽《かる》と勘平《かんぺい》が山崎へ落ち延びていく道行である。後半に師直《もろのう》の家来の鷺坂伴内《さぎさかばんない》が現れ、華やかな所作ダテとなる。伊東は取材のなかで、鷺坂の登場からの一節をさらりと披露してくれた。

「うぬが主人の塩谷《えんや》判官高定《はんがんたかさだ》と おらが旦那の師直公となにか殿中でべっちゃくちゃくっちゃくちゃと話し合いするそのうちに ちいちゃ刀をちょっと抜いてちょいと切った科《とが》によって屋敷は閉門 網乗物《あみのりもの》にて エッサッサ チリチリチリチン エッサッサ チリチリチリチン エッサエッサ エッサッサと帰してしもうた」

昔、テレビの生放送で演じたという。配役はお軽が桜田淳子、勘平が東八郎、伴内が伊東だった。それも一晩で覚えなければならなかったらしく、伊東は「悪夢だった」と振り返るが、それだけ『忠臣蔵』を含めた歌舞伎が身体に刻み込まれているのだろう。

喜劇人にとって『忠臣蔵』は必須の教養だった。おそらく同時代の喜劇人の誰もが、パロディとしての『忠臣蔵』を演じた経験をもつはずだ。だが、王道の『忠臣蔵』のなかでは、出られる役が限定されている。ましてや大石内蔵助と吉良上野介は、スター性と重厚さを兼ね備えていなければならない。そのなかで、過去に吉良を演じた喜劇人が二人いる。森繁久彌と伊東四朗である。

森繁は一九八五年に日本テレビ年末時代劇スペシャル『忠臣蔵』、伊東は二〇〇四年にテレビ朝日開局四十五周年記念企画『忠臣蔵』で吉良を演じた。ちなみに、大石内蔵助は日本テレビ版が里見浩太朗、テレビ朝日版が松平健である。

「もう光栄なことだなと思いましたね。吉良がついに来たかという気持ちでしたよ。うれしかったです。大石内蔵助が来るわけないわけですから（笑）」

森繁は最期に炭小屋の前に敷かれた畳の上で「敦盛《あつもり》」を舞うなど、本人が希望して新しい吉良像をつくろうとしたのに対して、伊東は最期に自害をすすめられても抵抗をみせる、憎々しい正統派の吉良を演じた。

吉良も主役級の役といえるが、ほかにも伊東にはいくつもの主演作がある。初主演は一九八一年に放送されたＮＨＫの銀河テレビ小説『まわりみち』で、女房に逃げられるダメ亭主役だった。

「私は主役だと思ってやってませんでしたから。作品が主役で自分は脇。そういう演じ方をしたつもりです。

主役ができる人は最初から主役なんですよ。私は主役になろうと思ったことは一回もない。生涯脇役です」

脇役として生きる。ときに主役に抜擢されたとしても、その信念は揺らがない。では、伊東が考える良い脇役とは何だろうか。

「まず目立とうと思わないことでしょうね。自然に目立つのはいいんですけど、自分から目立とうと考えるのは違うと思いますよ。いくらでもあるんですよ、目立つやり方っていうのはね。

基本的には、主役を立てるのが助演者だと思います。だから勝手なことはやらない。主役がやりやすいようにして、それが作品に役立っていればいいなという気持ちでやってきました」

伊東の言葉からは、自分よりも作品を第一に考える誠実さがにじみ出ている。監督や共演者からの信頼が厚いのも、自らの役割を理解し、それをまっとうする姿勢にあるのだろう。それは役との向き合い方にも表れており、伊東はことさらに役づくりをしないという。

「役づくりは特別に考えたことがないですね。ある監督が〝ベテランの俳優で役づくりのことばかり考えてる人がいたけど、やりにくかった。うちであんまり考えられても、こっちのイメージとちがっちゃうと困る〟と言ってました。ですから、なるべくニュートラルにしようとしています。映像は監督の領域というのがありますから。その世界がよく分かるまで本を読めば間違いなかろうと、そう思ってやってますね」

あらゆる役を演じてきた伊東に今後やってみたい役を聞いた。

「悪役をやりたいですね。最初は悪役の片鱗も見せないんだけど、結局はものすごい悪いやつだったっていうのをやってみたいです」

五十代のときの伊丹映画のヤクザ、六十代のときの吉良上野介、七十代のときの白河法皇、それらすべてを凌駕するような、八十代の伊東が演じる稀代の悪役をぜひ見てみたい。

第六章

終わらない挑戦

——笑いは最も時代を反映しているもので、時代とともに変わっていくんです

「伊東四朗 魔がさした記念コントライブ『死ぬか生きるか！』」（2018年）より

三宅裕司との出会い

三波伸介が亡くなり、一人になった伊東に新たな出会いが待っていた。

「私のコント人生を長引かせてくれた人」――伊東は十四歳年下の三宅裕司のことをこう語る。二人の出会いは一九八四年、伊東が四十七歳、三宅が三十三歳のときだった。三宅にとって伊東は子どものころからテレビで見てきた憧れの喜劇人だが、伊東はまだ三宅の存在を知らない。その日、二人は初対面の挨拶もそこそこに、ぶっつけ本番でコントの収録に臨んだ。

コントは法廷もので、スタジオに法廷のセットが組まれ、伊東が裁判長、三宅が弁護士に扮した。裁判長は検事と弁護士の主張を聞くたびに、ころころと判決を変えていく。被告が山羊座のAB型と分かると「山羊座でAB型なの？　悪い人いないんだよねー。無罪ですよー」、被告が阪神ファンだと言われると「言語道断だね、そりゃ。あたしは巨人ファンなんだよ。死刑だよ」というい加減さだ（『三宅裕司の「あなたがいたから」』）。

初めてのコントは一発ＯＫの出来栄えだった。

「稽古なしにいきなり本番でピタッと合いましたから、〝何だ、この人は！〟と思いましたね。難しいコントをケロッとやったように見えて、ビックリしたんですよ。

終わってから聞いてみたら、彼は明治大学の落語研究会出身で、私も落語が大好きだから。

お互いに芝居が落語の〝間〟なんでしょうね。ポンッと言うと、スッと返ってくる。落語は一人でしゃべるから、セリフがかぶることがない。必ず〝間〟があります。あの間合いが普通はなかなかできないんですよ」

三宅は神田神保町《じんぼうちょう》の生まれ、いわゆる生粋の江戸っ子である。母は日本舞踊の師匠、叔母はＳＫＤ（松竹歌劇団）の団員、叔父は芸者の置屋を営むという芸事に囲まれた家庭環境のなか、幼少期から日本舞踊や三味線、長唄、小唄を習って育つ。仕事場にはいつもラジオから落語が流れ、歩いて行ける範囲に四館の映画館があるなど、下町の暮らしには芸能が息づいていた。三宅は中学からバンド活動をはじめ、高校からは落語研究会にも所属し、音楽と落語にどっぷり浸かった青春時代を過ごす。明治大学の落語研究会では四代目紫紺亭志い朝《しこんていしちょう》を名乗り、その名はのちに五代目を立川志の輔、六代目を渡辺正行が継いでいる。

大学卒業後は、音楽と笑いの両方をできることがやりたいと思い、喜劇役者を志した。そして紆余曲折を経て一九七九年、三宅が二十八歳のときに自らを座長とした劇団スーパー・エキセントリック・シアター（ＳＥＴ）を結成する。劇団のキャッチフレーズは「ミュージカル・アクション・コメディ」、目指すはレベルの高い音楽とズッコケたギャグ、つまりはカッコ良さとカッコ悪さの落差によって笑わせる芝居だ。また、下ネタや客いじりをせず、練られた台本によって「人間本来の面白さ」を表現しようとした。三宅は劇団で自らが理想とする「東京の笑い」を追求した。

ＳＥＴは若者から支持を集め、結成から五年後の一九八四年十月、ＳＥＴをホストにした

『いい加減にします！』（土曜夜十時三十分〜十一時）が日本テレビでスタートした。内容はスタジオでのコントを中心にしたバラエティ番組である。植木等や小柳ルミ子が出演し、五回目に伊東がゲストで呼ばれた。だが、スケジュールの都合で稽古の日程がとれなかったため、伊東は台本だけを渡されて当日を迎える。一方、三宅は劇団員を代役に立てて何度も稽古し、シミュレーションを重ねて万全の準備を整えた。初めての共演は見事に息が合い、二人の出会いは彼ら自身にとっても、東京喜劇史においても重要な出来事になる。

伊東は一回だけのゲストの予定だったが、好評のためそのままレギュラー入りした。伊東は「そういう番組がだんだん少なくなってるときだったので、ちょっとうれしかったね」と振り返る。『いい加減にします！』は半年で終了したが、一九八五年七月スタートの『大きなお世話だ！』は、伊東が最初からレギュラーとして参加した。

年の離れたコンビは話題を呼び、なかでも「歌になっちゃうコント」は傑作だった。二人がしゃべりながら途中で歌になってしまうというコントで、たとえば「誰のおかげだと思ってるんだ、俺のおかげだぞ、俺のおかげだ、♪俺のおかげでドンジャラホイ」「私は勘がいい方なんですよ、勘はいいんです、♪勘はいい勘はいい魚屋さん」といった具合だ。

「別に特許を取ったわけじゃないですけど、いまだに誰もやりませんね。けっこう難しいんですよ。いろんな歌を知ってなきゃいけないから。そのうち作家が意地悪して、私の知らない歌を書いてくる。スティービー・ワンダーとかおニャン子クラブとか。それにはまいりました（笑）。

三國《みくに》連太郎さんと映画でご一緒したとき、撮影の合間にいきなり正座して〝伊東さん、三宅さんとやられている歌になるコント、面白うございます〟とお褒めの言葉をいただきまして。恐縮しましたね」

当時の新聞や雑誌を見ると、三宅はタモリやビートたけしを追う、新しい笑いの旗手として取り上げられている。だが、一九八〇年代はテレビの笑いが大きく変わる渦中にあり、三宅の目指す喜劇が時代の波にのまれようとしていた。三宅は当時のテレビの状況について次のように語る。

三宅「テレビでつくり込んだ笑いは、ドリフターズの『8時だョ!全員集合』がまさに集大成でしたね。屋台崩しのある美術をつくり、リハーサルをして一週間に一本収録するという、すごいことをやってたわけです。それが裏番組に『オレたちひょうきん族』が来て、失敗する姿からスタッフまで裏側を全部見せるようになった。あまりリハーサルをせず、その場でパッとやる面白さですよ。『全員集合』が視聴率で『ひょうきん族』に抜かれた時点で、コント番組の企画書は通らなくなりましたね。

僕は『ひょうきん族』がドリフを抜いたところでデビューしたんですよ。『いい加減にします!』がつくり込んだ笑いで、わりといい視聴率をとってたので〝さあ、これからだ!〟ってときにそんな状況になりました。もう時間をかけてつくり込むコント番組なんて、どんどんなくなっていきましたね」

『大きなお世話だ！』も半年で終わり、伊東と三宅がコントで共演する場が失われてしまう。その後、三宅は司会者として人気を得ながら、喜劇は自らの劇団で続けていく。一方、伊東は「もったいないな」という思いをずっと引きずっていた。

三木のり平の粋

テレビの世界から東京喜劇の水脈が断たれようとしていた。テレビの笑いはアドリブ、NG、ハプニング、さらには私生活の暴露といった素の面白さが主流になり、喜劇役者が演じて笑わせる機会が減っていった。

一九七〇年代に小松政夫と毎週のようにコントをつくっていた伊東も、ドラマやバラエティ番組の司会が仕事の中心になる。それでも伊東は喜劇役者の矜持を持ち続け、喜劇ができる場を求めていた。その思いは一九九〇年代以降に『コメディーお江戸でござる』や、三谷幸喜や三宅裕司との舞台で実現する。だがその前に、のちの伊東の活躍の前触れとなる舞台を見ておこう。

一九八四年七月、四十七歳にして初めての座長公演が名古屋の中日劇場で行われた。演目は芝居とショウの二本立てである。芝居は胡桃沢耕史《くるみざわこうし》原作の『新宿裏町流し唄』で、伊東が新宿の流しを演じ、その妻役として五月みどりが出演した。一方、ショウの『夏の夜は楽し』では、五月みどりが数々のヒット曲を歌ったほか、伊東も『ムーンリバー』や『雨に唄えば』を歌っている。劇評には「達者なアマチュアがはびこる昨今、伊東は久々にプロの芸を見せてくれた」と書かれた（『演劇界』一九八四年八月号）。とはいえ、伊東は自ら望んで座長になったわけではない。

「三波の最期の舞台が中日劇場でしたから。三波の弔い合戦だったような気がします。そうでなきゃ座長を引き受けてないと思いますね。

座長をやってみて、座員は勝手なことをするもんだな、私もそうだったのかな、と思いました。ある女優さんが芝居に関係ないところでウケてて、どんどん膨らませるんですよ。このままだと芝居がつながらなくなるから、まずいなあって。それで、舞台監督からやんわりと言ってもらったんだけど、次の日から全くやんなくなっちゃった。ウケるギャグを二つ、三つにしてくれればいいのに、何もしないんですよ。座員はふてくされるんですね。難しいなー、座長なんてやるもんじゃないなって」

一九九一年二月、伊東は三木のり平が大劇場で行う最後の座長公演への出演を果たす。のり平との舞台での共演は、これが最初で最後だった。

東京宝塚劇場の二月特別公演『喜劇雪之《ゆきの》丞変化《じょうへんげ》』は、三上於菟吉《おときち》の原作を小野田勇《いさむ》が脚色し、のり平が主演と演出を兼ねた。のり平の息子の小林のり一《かず》によれば、のり平が大劇場での座長公演を引退する前に最後に「アチャラカ」をやりたい、そして誰もやらなくなった

「東宝ミュージカル」の総仕上げをしたいと思ったのだという（『何はなくとも三木のり平』）。

本作は長谷川一夫の映画で知られる『雪之丞変化』のアチャラカである。のり平は一座の花形女形・雪之丞と役者志願の百姓・泥作の二役、伊東は義賊の闇太郎、ほかに大空眞弓、酒井法子、尾藤イサオらが出演した。アチャラカについては、小野田勇がパンフレットのなかで次のように説明している。

アチャラカというと、即興《アドリブ》沢山の出鱈目な安直芝居と思われ勝ちだが、それは違う。筋立てがしっかり組まれ、セリフがきちんと書きこまれた（即興と思われるギャグまでも含めて）楷書のホンを土台に、ちゃんとした芸を持つ役者が、修業を積んだ肉体をフルに働かせ、面白おかしく崩した草書で描き出すもので、これぞ喜劇の原点と心得る。

「東宝ミュージカル」が「歌入りアチャラカ」と言われていたように、本作も要所要所で歌が入る。オープニングはいきなり伊東がマイクを持って登場し、階段を降りながら『むらさき小唄』を歌うと、のり平が白塗り姿で中央のセリに乗って上がってくる。続けて大空、尾藤、酒井が次々に歌い出す華やかな幕開きだ。伊東が歌う場面はいくつもあり、オーケストラピットと客席の間の「銀橋《ぎんきょう》」と呼ばれるエプロンステージを歩きながら『名月赤城山』を歌うほか、捕り方との立ち回りを歌いながら見せる演出もある。

「幕開きは難しいんですよ。出演者だけじゃなくて、お客さんにもけっこう緊張感がある。

芝居を見に行くというのは緊張するものなので、最初にどうほぐしていくかが勝負なわけです。のり平さんはいきなりフィナーレみたいなことをやって、緊張を一発でとっちゃった。見事な演出でしたね。

生のバンドで歌うのは気持ちがいいもんですよ。オケピにバンドが入ってて、指揮者がちゃんといますから。テープじゃないんでね。『名月赤城山』を歌ったときは、歌い出した途端に中村メイコさんが大きな声で笑って、すぐに分かった。客席のなかで一人で大笑いしてましたから、〝あっ、メイコさん来てるな〟って」

これが集大成というべきか、過去の雲の上団五郎一座を彷彿とさせる場面もある。劇中劇の『伊達娘恋緋鹿子《だてむすめこいのひがのこ》』、通称「櫓《やぐら》のお七」は一九六一年に上演した『続・雲の上団五郎一座』の再現で、のり平がそのときと同じお七となり、人形浄瑠璃の人形をデフォルメしてまねる「人形振《ぶ》り」を演じた。はじめにきっちりとした所作を見せ、途中からドタバタになる。当時のり平は六十六歳だったが、動きにキレがあり、火の見櫓をロープをつかんで駆け上がってみせた。

「のり平さんのすごさを舞台で感じましたね。あれくらい身が軽くないと昔の喜劇はできないんだなあ。火の見櫓をスルスルスルッと上がったときは、思わずお客さんが拍手しましたよ。これは伝説ですけど、障子を破らずに障子の桟をスーッと天井まで登ってってたと聞きました。あの人を見てると、本当にそうかもしれないと思いましたね」

雲の上団五郎一座といえば、のり平と八波むと志による「源氏店」のパロディが名物だった。今回はのり平と伊東のコンビが落語「らくだ」のパロディを演じている。死んだらくだの弔いの費用を大家に出させるために、伊東がのり平を使いにやろうとするが、のり平が口上をなかなか覚えられない。次々とボケまくるのり平に伊東がテンポ良くツッコんでいった。大家を脅すために死人に踊らせる踊りも、落語の「かんかんのう」ではなく、『おどるポンポコリン』である。

「あの場面は台本に書いてなくて、のり平さんが〝ここ、『らくだ』な〟の一言で稽古をはじめちゃいましてね。あれにはまいりました。のり平さんは落語を芝居にしたものをずいぶんやってましたからね。

のり平さんがボケるたびに、劇場がわんわんウケるんですけど、あるとき暗転になって楽屋に戻るところで〝四朗ちゃん、あそこは二回まで。三回は野暮〟って。やればやるほどウケるんですよ。でも、それ以上は粋じゃない。ウケりゃいいというのは嫌いましたね。それが江戸前なんだと思います。

のり平さんの芝居で、大きな劇場での喜劇はこうやるんだって勉強させてもらいました。フィナーレで大階段を使ったんですけど、のり平さんがてっぺんから下まで、下を見ずにスーッと降りてきましてね。お客さんはのどちんこまで全部見えるほど、手を叩きながらワーッと笑ってました。劇場が揺れましたからね。そういうことがあると、この芝居をやってよかったなと思うんですよ。

毎日、ツッカケのお客さん（当日券で入る客）もすごく入ったと聞きました。劇場の前を通ったら〝何か面白そうだな、入ってみようか〟ってことですから、そりゃあうれしいですよ」

東宝の演劇プロデューサーの酒井喜《き》一郎《いちろう》によれば、『喜劇雪之丞変化』はまれにみる集客で、地方の劇場からオファーが殺到したという。同年八月に名古屋の御園《みその》座での再演が決まったが、伊東・大空・酒井法子がスケジュールの都合で出演できなかった。酒井喜一郎はその後の顚末を次のように記している。

私のほうは抜けた三人の代役を探し、のり平に伝えたらオーケーという返事が返ってきた。これで一安心、すぐポスターつくりにかかろうかと準備を始めた矢先、のり平から「俺はやらない」という電話がかかってきた。「それは話が違うでしょう。キチンと約束したではないですか」と言っても伊東が居なけりゃ出来ないなどと理屈をつけて、いくら頼んでもノーという返事しかこない。…（中略）…のり平も受けたはいいが、しばらくして考えてみたら伊東のいない舞台は難しいかもしれないと思ったのかもしれない。（『銀座百点』二〇二二年六月号）

のり平は伊東を信頼していたのだろう。実際、伊東のほかに「らくだ」のパロディをのり平相手に演じられる人物がいたとは思えない。結局、大劇場の三木のり平座長公演は、『喜劇雪之丞変化』の東京宝塚劇場公演が最後になった。

のり平と伊東は第十六回菊田一夫演劇賞をそろって受賞している（のり平は『放浪記』とあわせて演劇大賞）。「東宝ミュージカル」はのり平と伊東のコンビによって掉尾《ちょうび》を飾ったのである。

コメディーお江戸でござる

ＮＨＫは公開コメディをテレビの草創期からつくってきた。その草分けは三代目江戸家猫八、一龍斎貞鳳《いちりゅうさいていほう》、三遊亭小金馬《こきんば》がトリオで出演した『お笑い三人組』である。一九五五年十一月にラジオ番組としてスタートし、一年後からテレビとの同時放送になり、テレビ放送は一九六六年三月まで約十年続いた。内容は「あまから横丁」の暮らしをコミカルに描き、子どもからお年寄りまで楽しめる喜劇だったが、のちにＮＨＫの会長になる坂本朝一《ともかず》によれば、放送時には「ＮＨＫにあるまじき、低俗な番組」と非難されたという（志賀信夫『テレビ番組事始』）。ＮＨＫの娯楽路線は、今も時おり批判にさらされる。

公開コメディの形式は、一九七二年からの『お笑いオンステージ』に引き継がれていった。だが、『お笑い三人組』からは六年のブランクがある。立ち上げから四年間出演した伊東は、「途切れちゃってましたからね。私は下っ端でしたけど、新しくつくるのは大変だったみたいですよ」と語る。喜劇は続けていなければノウハウが失われ、作家も演出家も喜劇役者もいなくなってしまう。だから、『お笑いオンステージ』終了後、喜劇人たちには危機感があったが、すでにテレビで喜劇をやるのは難しい時代が来ていた。

バラエティ番組がトークやクイズばかりになっていった一九九〇年代、NHKが公開コメディの復活を試みる。レギュラーでの放送は『お笑いオンステージ』以来、十三年ぶりだ。とはいえ、NHKの局内にノウハウが継承されていない以上、知識や経験のある人物を招くしかない。そこで、座長として五十七歳の伊東に白羽の矢が立つ。本来なら伊東は脇で出たかっただろうが、NHKにすれば、伊東しかいないとの思いだったのではないか。

一九九五年三月、『コメディーお江戸でござる』がはじまった。『お笑いオンステージ』を三十八歳で降板した伊東が、座長になって戻ってきた。

『お江戸でござる』は江戸の庶民を描いた芝居、歌、江戸風俗研究家の杉浦日向子《ひなこ》が解説する「おもしろ江戸ばなし」の三部構成だった。NHKのスタジオに芝居小屋を模したセットをつくり、客席も桝席にして桟敷席まである。キャスティングはいわゆる「お笑い芸人」ではなく役者や喜劇役者を中心とし、稽古日をもうけ、何度もリハーサルをして一回きりの本番に臨んだ。収録は通しで行われ、編集なし、場面転換も暗転せずに見せ、生放送のような緊張感を生み出した。

スタッフは伊東と議論を繰り返しながら番組を練り上げていった。伊東も座長として全体を見渡し、台本にも細かく目を通した。

「台本には不満でしたね。コメディを書ける人が少なくなっていましたから。それも途切れていたからでしょう。毎回、私が少し加筆してましたけど、別の仕事のときに化粧前で台本を直してたら、〝伊東さん、ここで何をしてるんですか？〟ってよく言われました（笑）。私が〝こことここのシーンは入れ替えて〟とかって書き直してスタッフに渡すと、〝ああ、やっぱりこう来ましたか〟と言われて。若い演出家でしたけど、そのときは愕然としましたよ。やっぱりと言うんなら、先にやってくれよって（笑）」

地道な努力が実を結び、番組の人気が浸透して視聴率も少しずつ伸びていった。一九九八年には橋田賞と伊藤熹《き》朔《さく》賞を受賞している。だが、ＮＨＫの娯楽番組に対して、このときも批判の目が向けられた。

「ＮＨＫの場合は、視聴率が良すぎるのもダメらしいですね。良すぎると普段は反応しないのに〝ＮＨＫに笑いは要らない〟と言う人も。『お江戸でござる』が二〇％寸前になったとき、〝なんとか一〇％台で抑えられませんかね〟なんて妙なことを言われました。要するに、視聴率が良いというのは大勢の人が見てるということだから、そのなかの笑いが大嫌いな人が投書してくる。それも無視できないって聞きました。なんとももったいない話ですけど」

一九九八年一月三日、『お江戸でござる』が正月特番として『オールスター忠臣蔵まつり』を放送した。高橋英樹や五木ひろしら豪華メンバーとともに、当時八十四歳の森繁久彌も出演している。そのとき、伊東にとって強く印象に残る出来事があった。

「森繁さんが引き枠（舞台装置を飾った車付きの動く台）に片肘をついたまま暗転になったんですよ。大道具さんが引き枠を押して袖に入れようとしたら、森繁さんが体をもってかれて、そのままドーンと倒れちゃった。そのとき、お客さんはワーッって大ウケ。うちの女房が客席にいたんですけど、お客さんの一人が〝やっぱり元喜劇役者ね〟と言ったのを聞いてるんです。森繁さんがわざとやったように見えた。喜劇的に手足をバタバタやって、ハプニングを笑いにもってったんでしょう。スタッフは真っ青になってましたけど。

そういうのはカッコいいと思いますね。こんな年になっても、素直に笑わせてるということがね。国民栄誉賞や文化勲章をもらっても、やっぱり喜劇の人なんだなとしみじみ思って、私は拍手を送りたかったです」

伊東は一九九九年三月に番組を降板した。最初は一年という依頼だったが、すでに放送開始から丸四年を迎えていた。ＮＨＫは慰留したが、「次の世代につなげていきたい」という伊東の意思を尊重することになる。『お江戸でござる』は毎週初日を迎える芝居のようなもので、伊東はずっと座長としての責任を感じてきた。それでも四年間やり続けたのは、喜劇を継承したいという使命感があったからではないか。

その後、『お江戸でござる』は伊東に代わる座長を据えるのではなく、チームワークで勝負し、番組はそれから五年続いた。

伝説のコンビ復活

新宿一丁目にある三百席のシアターサンモールは連日、超満員だった。伊東四朗・小松政夫のコンビが十余年ぶりに復活する。しかも舞台での共演は初めてだった。

幕が上がり、小松が淀川長治《ながはる》のものまねで口上を述べ出すと、伊東が怪訝そうな顔をして現れる。「今日はそういうことはやらないの」とツッコミながら、そこから二人の懐かしいフレーズが矢継ぎ早に繰り出されていった。五分間に「しらけ鳥」「電線音頭」「ながーい目で見てください」「あんたはエライ！」「ゆるして、ゆるして、ゆるしてぇー」「どーかひとつ」を連発し、小さな劇場が沸きに沸いた。

一九九五年十月、伊東と小松による二人芝居『エニシング・ゴーズ』は公演日数がわずか十二日間、自分たちは「ゲリラ」だからと大々的に宣伝しなかったが、ふたを開けてみると当日券を求めて長い列ができた。観客の年齢層もバラバラで、テレビでバラエティ番組をつくっている制作者もいれば、会社帰りのサラリーマンもいる。客席の期待感が最高潮に達するなか、オープニングでギャグを全部見せ、一気に観客の心をつかんだ。

「最初の本は全くちがってて、あんまり笑えなかったんですよ。せっかく二人でやるのであれば、もっと笑いのある芝居を書いてほしいってお願いして、『エニシング・ゴーズ』を書いてもらいました」

タイトルの「エニシング・ゴーズ」は「何でもあり」という意味である。親友でライバルのイトウとコマツが、太平洋戦争末期から戦後史を生き抜く姿をコントで綴っていく。舞台は南洋の孤島、プロレスデビュー、芸能プロダクションのオーディション、月の石を売る男などと続き、ラストは昭和六十四年、昭和最後の日を海辺の老人ホームで迎える。時間にして一時間四十分を休憩なしで駆け抜けた。

小松は「伝説」とも形容される舞台を振り返って、次のように語る。

伊東さんのすごさっていうのはリアクションのすごさでしょうね。三木のり平さんが見にきて下さって、こういう手もあったかと思ったよって言って下さったけど、お客さんもたくさん来てくれて、またツボにはまったところで笑いがどんどん来たんで、俺たちは間違ってないって思えましたね。ネタを十分にふって、ボーンって落として、また二人でそこそ積み上げてって、ドスーンって落とす。それが醍醐味なんですね。

しかも最後のシーンなんか〝芝居〟になってたって気がする、自分で言うのも何だけど。おじいさん二人がボケたやり取りをするって、あれはちょっと悪いけど普通の人には出来んだろうと思う。コンビの息のよさですね。（『笑芸人』VOL.3）

好評だからといって、すぐに再結成とはならないところが伊東と小松らしい。コンビで再び舞台に立つのはそれから五年後、二〇〇一年二月のことである。場所は本多劇場、公演日数はさらに短い八日間だった。今度はほかの役者も交えての時代劇コメディで、伊東がはじめて脚本と演出までを手がけた。その芝居は三木のり平や由利徹らの東宝系喜劇の系譜を継ぐもので、彼らのギャグへのオマージュといえる場面もある。

「昔、由利徹さんと佐山俊二さんがやってた壁抜けのギャグを復活させました。あのまま埋もれさせるのはもったいなくて。絶対に大笑いできるギャグですからね。芝居のなかに入れさせてもらったら、お客さんがそれこそ、のどちんこ丸出しで笑ってくれました」

芝居の筋はある藩のお家騒動だが、伊東が常々理想としていたように、思想もない涙もない、ただただ笑える乾いた喜劇だった。最後は善玉と悪玉が激しく入れ替わり、観客が混乱しているところに、家老役の小松が淀川長治のものまねで登場し、そのままカーテンコールに突入する。

「見に来た三谷さんが呆れてました（笑）。〝お城の人たちは最後にどうなっちゃうんですか？　心配になりますよ〟と言われて、〝いいんだよ、あんなのがあっても〟って、そんな話をしましたね。

自分で本を書いたのはもう一つ、下北沢の駅前劇場で『疑惑のアパート』という芝居をやりました。それが最後かな。それでようやく自分には脚本力がないことを悟りまして、それで終わりにしましたね」

時期を同じくして、三宅とのコンビもおよそ十年ぶりに復活した。一九九七年七月、伊東四朗・三宅裕司スペシャルパフォーマンス『いい加減にしてみました』が全労済ホール／スペース・ゼロで上演された。伊東にとっては還暦を迎えてのコントライブになるが、この企画を最初に提案したのは伊東の方だった。

「『いい加減にします！』が終わってしまって、ずっと残念に思ってましたから。あるとき、これを舞台でやったらどうかなってひらめいたんですよ。三宅さんがとにかく忙しい時期だったんで、〝無理を承知で言うけどさ、舞台でやってみない？〟と聞いたら、〝ぜひやりましょう〟って言ってくれて。私は普段あんまり自分から動かないんですけど、そのときだけは動きましたね」

一九九〇年代後半は、ドリフのコント番組がゴールデンからなくなり、テレビのなかでつくり込んだ笑いは『お江戸でござる』が孤塁を守っているような状況だった。目指す笑いを思いきりできる場所は、もはや舞台の上にしかなかった。また、東京のテレビでも大阪の笑いが大きな勢力を占めるなか、周囲からの期待も大きい。パンフレットにコメントを寄せた何人もが、東京の笑いに言及している。内海《うつみ》好江《よしえ》のコメントは以下の通り。「江戸っ子コンビの心地よい間とはぎれよい、江戸っ子の笑いに大きな期待をしてます」。

二人は多数のレギュラー番組を抱えながら、スケジュールの合間を縫うようにして稽古を重ねた。三宅は伊東とのコントづくりを次のように語る。

三宅「作家の方に何本か書いてもらって、伊東さんと一緒にどれがやりたいかを選びます。そこから稽古をしながら、こうした方が面白いなというところがあれば、作家に言って直していく。

伊東さんは台本通りのセリフのままで、言い方、強さ、表情なんかで一番面白い表現を考えてきてくれます。もし作家や演出家が〝そうじゃないんだ〟と言っても、また違うパターンをいくつも持ってる。それはすごいことですよね。

本番がはじまると、お客さんが入って初めて見えることがありますから、また直します。伊東さんは毎朝、おはようございますって挨拶する前に、〝三宅ちゃん、あそこなんだけどさ〟ってしゃべりながら楽屋に入ってきますよ（笑）」

伊東は小松と組むときも、のり平と組むときもツッコミに徹してきたが、三宅とのコンビではボケに回った。『いい加減にしてみました』では、珍しく最初から最後までボケまくっている。

「私はずっとツッコミなんですよ。てんぷくトリオのときも、三波がツッコミなのにボケたがりますから。私がツッコんでましたね。小松ちゃんのときも私がツッコミです。お客さんにはボケの方が面白く見えるんですよ。それは漫才もコントも一緒です。

三宅さんとのときだけ、ボケさせてもらってますね。ボケるのは怖いですよ。拾ってくれなかったら、空中にどっか行っちゃいますから。絶対的な信頼がないとボケはできません。私が安心してボケられるのは三宅裕司だけでしょうね」

『いい加減にしてみました』はシリーズ化し、第二弾が二〇〇二年に小倉久寛《ひさひろ》、第三弾が二〇一〇年に沢口靖子をそれぞれゲストに迎え、どれも好評を博した。

伊東はテレビの外の世界で、喜劇やコントができる場を着実に積み上げていった。

憧れの喜劇人たちを見送って

東京喜劇は喜劇人の肉体を通してつないできた。松竹新喜劇や吉本新喜劇のように組織としてのまとまりがあるわけではないから、芸を身につけた喜劇人がいなくなれば、東京喜劇も失われてしまう。昭和の終わりから平成にかけて、座長の格をもった喜劇人が一人また一人と鬼籍に入っていった。

一九八八年七月六日、伊東より一歳年上の東八郎が五十二歳で急逝した。浅草の軽演劇で育った東は、テレビに進出後も「東八郎劇団」を旗揚げするなど、舞台で喜劇を演じ続けていた。最後の舞台になった新宿コマ劇場の公演では座長を務めている。一九八六年にはコメディアン養成学校「笑塾」を開設し、次のように語っていた。「ぼくらが育ったような、喜劇の常打ち劇場が今は一つもないでしょう。先輩の芸を見ながら勉強しようにも、その場がないんだよね。だから、この塾をやることで、ぼくが先輩から教わったことを少しでも伝えていけたらという気持もある」（『週刊大衆』一九八七年五月十八日号）。

三波と東を若くして亡くしたことは、東京喜劇にとって痛恨事だった。

伊東と東は同じトリオブームで世に出ており、親友同士だった。『お笑いオンステージ』や『みごろ！たべごろ！笑いごろ！』など共演も多い。

「八っちゃんとは一番気が合ったかなあ。私のことを〝エトちゃん、エトちゃん〟って呼ぶんですよ。あんなに訛ってますけど、江戸っ子ですからね。毎週日曜日に生番組で、コントのような漫才のようなことをやりました。台本がひどかったから、二人で知らん顔して変えちゃってましたね。楽しかったですよ。二人のいろんなコントをビデオに撮って残しておこうよって言ってたんですけど。

八っちゃんが亡くなったのはショックでした。自分の相手役がいなくなっちゃったような気がしてね。自分の体の一部をもぎ取られたような気がしましたよ」

一九九六年八月四日、渥美清が六十八歳で亡くなった。伊東が浅草フランス座で見た渥美は、四十歳のときに車寅次郎を演じ、国民的スターになった。渥美が主演した『男はつらいよ』シリーズ全四十八作には、数多くの喜劇人がゲストや脇役として出演し、昔の東京喜劇の面影を映像で今に伝えてくれている。

「一度、共演してみたかったですね。寅さんには何度か声をかけてもらったんですが、スケジュールの都合で実現しなかったんです。

渥美さんとは松竹の大船撮影所に行ったとき、メイキャップの部屋で一緒になるくらいでした。ただ、私が出てた芝居を見てくれたみたいで、変装して来てましたけど、みんなすぐ分かったたって言ってましたよ。

渥美さんはもっといろんな役もやってみたかったんじゃないかなあ。寅さんのような日本中が沸き立つ役をやるのも幸せですけど、あの人はいろんなことができる役者だったと思うから。私はちがう役も見たかったですね。一つの役を突き詰めることも幸せといえば幸せですけど、ご本人はどうだったのかなと思います」

一九九九年一月二十五日、三木のり平が七十四歳で亡くなった。『喜劇雪之丞変化』での座長公演以降は、森光子主演の『放浪記』をはじめとした舞台の演出をしながら、別役《べつやく》実《みのる》作品のいわゆる新劇公演に出演した。

のり平は歌舞伎、新派、新劇、落語などあらゆる芸事に通じ、その形を肉体に宿した喜劇役者だった。その薫陶を受けた者は喜劇人だけではない。のり平の芝居に数多く出演した古今亭志ん朝もその一人である。志ん朝によれば、若い役者から「これ真面目にやるんですか？」と聞かれたのり平は、「そうだよ、喜劇だから」と答えたという。（『笑芸人』VOL.1）

「世間ではセリフ覚えが悪いなんて言われて、たしかにそんな面があったかもしれないけど、けっしていい加減な人じゃないですよ。芝居をしながら、しょっちゅう考えてましたね。だからセリフを忘れるのかって思うぐらい。一緒に舞台をやったときも、暗転中にまで考えてましたから。そのときの顔は舞台の上と全然ちがってましたね。

のり平さんが日劇に出てたとき、見に行ったことがあるんですよ。楽日の三日前でした。楽屋を訪ねたら〝四朗ちゃん、ごめんね。これから稽古だから〟って。普通はやりません。でも、気になったまま楽日を迎えたくないんでしょうね。そのへんがすごいですよ。

のり平さんはカットの名人でもありました。作家がこんな分厚い台本を書いてきたから、

〝ちょっと時間くれ〟って言って、一日待ったら見事にカットして、ちゃんとつながってる。あんなにうまくカットする人は珍しいですよ。やっぱり演出をしてるだけあるなと思いました」

のり平の死から四ヶ月後の一九九九年五月二十日、由利徹が七十八歳で逝った。由利は新宿コマ劇場などの大劇場の喜劇公演で座長を務めながら、歌手芝居の脇役としても欠かせない存在であり、また結成五年目の東京ヴォードヴィルショーに一回五百円で出演したこともある。その生涯は一貫して「笑い」と「エロ」に捧げられた。雑誌などの取材も下ネタで通し、一九九三年に勲四等瑞宝章《ずいほうしよう》を受章した際にも、「『授章式で』よほど真ん中に出ていって『オシャ・マンベ』とやろうかと思ったが、やっぱりね」と語ったという（『文藝春秋』一九九九年七月号）。

「由利さんのことは大好きでした。真面目な役を絶対にやらない。私が『一心太助』に出てたとき、由利さんがすごい悪役で来たんですよ。いわゆるフィクサーの役。台本を読んでも面白いところがないから〝どうするつもりかな〟と思ってたら、案の定、現場に鼻を赤くして来ましたよ。私を脅迫する役なんですけど、あの通りのしゃべり方で〝おんめぇは何者なんだぁ〟って。みんな、もう噴いちゃって。生涯、面白いことしかやらなかった人です。

でも、演劇評論家には酷評でしたね。由利さんがコマ劇場に出てたとき、ある新聞が〝この芝居の由利徹のやり方は何だ、こういうものは抹殺しろ〟って書きました。なんて失礼なと思いましたよ。

私は由利さんを尊敬してましたから。コメディアンは、真面目なものは真面目にやっちゃうんですよ。私もそうなんですけどね。私のなかには、徹底して面白くすることと、真面目にちゃんとやることの両方がある。でも、由利さんはやらない。あんなに徹底してた人はいないいんじゃないですか」

のり平と由利には映画やテレビドラマにも代表作があるが、彼らの栄光はやはり舞台にある。大劇場の喜劇公演において、彼らは座長だった。喜劇役者は数多いるが、誰もが座長になれるわけではない。伊東は座長に必要なものは華だと語る。

「座長には華がないとダメだと思います。舞台に出たとき、客席から〝おー〟というため息が出るような人が座長ですよ。のり平さんなんて、まさにそうでしたから。何もしないでも出てきただけで〝おー〟って。歌舞伎でも勘三郎（十八代目中村勘三郎）さんが出ると、〝おー〟っていうのがありましたね。ジワが来るっていうのかな。

座長は細かい芝居をしなくていいんです。大らかでジワが来るような、華がある人が座長です。これは大きな芝居でも小さい芝居でも同じじゃないですか。これは勉強して身につくものじゃないですよ。もって生まれたものでしょう。そういう意味で、私には華がありませんから」

二〇〇九年十一月十日、森繁久彌が九十六歳で大往生を遂げた。森繁は戦後日本の喜劇史における巨星であった。同時代の喜劇人ならば誰もが意識し、また影響を受けた。

一九五〇年代から六〇年代にかけて、森繁は「社長シリーズ」や「駅前シリーズ」で喜劇を演じながら、早くも一九五五年に『夫婦善哉《めおとぜんざい》』の柳吉《りゅうきち》役で性格俳優としても評価されている。舞台ではミュージカル『屋根の上のヴァイオリン弾き』の主演を通算九百回達成し、ほかにもテレビドラマ、ラジオ、歌、随筆などで幅広い才能を見せた。最後の舞台は八十三歳のとき、一九九七年二月に御園座で上演した『佐渡島他吉《さどじまたきち》の生涯』だった。

「テレビや映画ではご一緒しましたけど、舞台はありません。『屋根の上のヴァイオリン弾き』に呼ばれたことがあるんですが、私にとって森繁さんはすごく遠い人ですから。私は一緒に舞台に立てるような人間じゃありません。あとで森繁さんに叱られましたよ。〝おまえはのりちゃんの芝居には出て、俺のは出ないのか〟って。〝先輩の芝居は客席にいさせてください〟と説明して、納得してもらいました。

文学的に高尚な知識からスケベな話まで、あんなに幅の広い人はいないでしょう。『お江戸でござる』のとき、わざわざ私の楽屋まで来て、〝ねえねえ、四朗ちゃん、あれ歌おうよ〟ってスケベな歌を（笑）。スケベな歌がお好きでしたねえ。そうかと思えば、ボードレールや萩原朔太郎《はぎわらさくたろう》を全部暗記してたり。両方を知ってるからこそ、説得力があったのかもしれませんね。

私はこの世界に入る前から、森繁さんのドタバタ喜劇から大真面目なドラマまでをずっと見てきました。そんな人はいなかったですから。今から振り返ってみても、やっぱりすごい人だったなと思います。もうそれはセリフから演技から、何から何まで影響を受けましたね」

浅草寺の境内に「喜劇人の碑《いしぶみ》」が建てられている。建立時の一九八二年にはエノケンやロッパ、伴淳三郎をはじめ物故した十二人の喜劇人の名が刻まれ、その後は三波伸介、東八郎、渥美清、三木のり平、由利徹、森繁久彌らが追刻されていった。碑の脇にある黒御影石には、森繁の次の言葉が刻まれている。「喜劇に始まり 喜劇に終る」。

「森繁さんが喜劇人協会の会長をやってたとき、〝喜劇人がいくら努力しても、世間的な評価は低い〟と言ってましたね。ご自分でもそれを感じていて、だからこそ大真面目な芝居にも取り組んだんじゃないでしょうか。どっちが好きだったかといえば、森繁さんは喜劇の方が好きだったと思いたいですけどね。

今後も喜劇の評価が上がることは、まずないでしょう。喜劇人が何かで表彰されるとしても、喜劇じゃなくて、違うことをやったからでしょうね。笑いは最高にいいことだと思うけど、やっぱり感動のほうが強いんですよ。それでも、私にとっては喜劇が一番難しいし、一番充実感のあるものですね」

伊東四朗一座

多くの喜劇人が二十一世紀を待たずして姿を消し、東京喜劇は風前の灯だった。彼らの舞台での雄姿は、人々の記憶のなかに残されるのみである。

三宅裕司の脳裏にも、幼いころに見た喜劇の光景が深く刻まれていた。三宅がまだ小学生だったとき、雲の上団五郎一座の舞台中継がテレビで放送されている。三宅少年はのり平と八波の「源氏店」に涙を流しながら笑った。彼だけではない。当時はテレビが一家に一台の時代であり、茶の間でテレビを見ていた両親も祖父母も、家族全員が一緒になって笑い転げたという。東京喜劇は全世代がともに笑える喜劇だった。

だが、東宝ミュージカルから雲の上団五郎一座へ続いていた流れが一九六四年に一旦終了し、東京喜劇が見られる機会も減っていった。

三宅「大学生のとき、おばあちゃん孝行で祖母を新橋演舞場に連れてったんですよ。それが藤山寛美さんの舞台でした。寛美さんが面白いのは分かってたんですが、〝なんで大阪の喜劇なんだろう。なんで東京じゃないんだろう〟と思ったのを覚えてます。そのころから東京喜劇へのこだわりがあったのかもしれませんね」

三宅は二〇〇二年の『いい加減にしてみました2』が終わった後、伊東を座長にした軽演劇の一座を立ち上げたいと提案した。「軽演劇」という語は使う人によってニュアンスが違うが、三宅の考える軽演劇は練られた台本をきちんと演じながらも、台本から少し離れて役者の個性で笑わせることもある喜劇だ。三谷幸喜の喜劇のような台本通りに演じるシチュエーション・コメディとは異なり、軽さや自由さがある。

三宅には、エノケン・ロッパに端を発する軽演劇／東京喜劇を継承していきたいとの思いがあった。そして、その時点で座長が務まる現役の喜劇人は、誰がみても伊東しかいない。だが、座長を依頼された伊東は逡巡した。

「三宅さんから〝芝居の座長をやりませんか?〟と言われて、即座に断りました。私は座長の器じゃないし、華もありませんから。そしたら〝いいタイトルを思いつきました。旗揚げ解散公演はどうですか?〟って。絶妙なタイトルに心が動いたんです。〝一回でやめていいのね?〟〝その通りです〟〝じゃあ、燃え尽きてみるか〟と思ってやりました。結局、それから五回やりましたから、そのへんが優柔不断なところなんですけど。

三宅裕司という男は、プロデューサー感覚の鋭い人です。一座に出演する女優さんなんて、よくこの人を呼んだなっていう人を呼びますからね。演出家としても、すごくやりやすい。喜劇役者・プロデューサー・演出家、この三拍子そろった人はなかなかいませんよ」

二〇〇四年七月十六日、伊東四朗一座旗揚げ解散公演『喜劇 熱海迷宮事件』の幕が開いた。客席数が四〇〇弱の本多劇場で、わずか十日間である。伊東座長と三宅番頭のほか、座員はラサール石井、小宮孝泰《たかやす》、小倉久寛、東貴博のメンバーでスタートした。東にとっては、父である東八郎の十七回忌にあたる。二回目からは渡辺正行や春風亭昇太も加わった。三宅はメンバーの人選について次のように語る。

三宅「最初はうまい役者を集めて喜劇をやったらどうかって提案しました。そしたら伊東さんが〝笑いを道具にしてる人じゃなくて、本当に笑いを追求してる人とやりたいんだよ〟とおっしゃったんです。笑いで人気劇団になっても、喜劇を追求してる人は少ないってことで。そうであれば、江戸前で笑いを頑張ってる人たちに集まってもらおうということになりました。

立ち稽古の初日に台本を手に持ってないのは伊東さんだけでしたからね。全員ビビりましたよ。伊東さんは〝立ち稽古で台本を持ってると、手が使えなくなるのが嫌だから台本を離すんだ。でも、みんなはそれぞれのやり方があるからいいんだよ〟って。優しく言いながら、ものすごくきついですよね（笑）」

旗揚げ解散公演は連日の大盛況で、夜の部の当日券を求めて昼間から本多劇場に行列ができた。もともとは本当に一回限りのつもりだったが、予想以上に反響が大きく、劇場がいっぱいで見られなかったという声が多数寄せられた。そこで翌年、「伊東四朗一座～急遽再結成公演～」と銘打ち、『喜劇 芸人誕生物語』を上演する。場所を池袋のサンシャイン劇場に移し、客席数も倍の八〇〇になったが、こちらもチケットが即日完売の人気ぶりだった。

「脇一筋でやってきて、お客さんが私を座長として見てくれるのかなってずっと心配してました。もう目に見えない責任感がありましたね。お客さんが入らなかったらどうしようって。入りが悪いと、舞台の上からも分かりますから。〝やっぱりダメだったじゃないか〟と自分で自分を責める場面を想像してましたね。幸い入ってくれたんで、続けられましたけど。

サンシャイン劇場でやったとき、地震で開演を大幅に遅らせたことがありました。電車が止まっちゃって、飯田橋から歩いてきた人がいたくらいで。開演までみんなでつないだんですけど、昇太さんに噺をしてもらったら、お客さんは喜んでましたね。その日は津川雅彦さんが見に来てて、幕が下りたら真っ先に立ち上がって〝ブラボー！〟って」

伊東四朗一座の笑いは、分かる人にだけ分かればいいという笑いではなく、幅広い年齢層に向けた笑いである。その芝居を一緒につくるなかで、三宅は伊東から多くのことを学び、吸収した。伊東との共演は喜劇役者三宅裕司の血となり肉となっている。

三宅「僕は東京で生まれ育ってるんで、粋にやろうとしすぎるんですよ。大学の落語研究会にいたときなんて、相当イキがってましたから。でも、伊東さんはクサいと言われるギリギリ手前のところまでオーバーな芝居をします。間をちょっと長くしたり、テンポを遅くしたり。そうすると、五十人しか笑わないものが、クサい演技をした分、百人が笑うようになるんですね。やりすぎちゃうと、全員が引いてしまうようなクサい笑わせ方になる。伊東さんは劇場の全員が笑うちょうどいいところを探りあててるんで、誰もクサいと感じない。

僕が小倉とからんでツッコんでると、どんどんテンポが速くなっちゃうんですよ。それだとお客さんに不親切になっちゃう。自分のなかだけで満足するテンポなんですね。本来なら、全部のお客さんを考えた一番いいテンポがあるはずなんですよ。速いからいいってもんじゃない。それは伊東さんから学んだことです。

以前に柳生博《やぎゅうひろし》さんとドラマでご一緒したとき、〝最初から粋な芝居を目指すと、芝居が小さくなっちゃうよ。まずクサい芝居をして、それを抑えていかないと本当の粋な芝居にならないよ〟と言われました。同じことを伊東さんと舞台に立って感じましたね」

伊東が喜劇役者の先輩から学んだことが、三宅へと受け継がれていった。今度は三宅が次の世代に伝える番だ。

熱海五郎一座と東京喜劇の継承

二〇〇六年七月、三宅を座長とした「熱海五郎一座」が旗揚げした。名前の由来は「伊東」の手前で「熱海」、「四朗」の次で「五郎」である。この年は伊東がスケジュールの都合で出られないと聞かされており、三宅はさんざん悩んだ末に決断した。一座のキャッチフレーズは「東京喜劇伝承」だ。伝承するためには続けていかなければならない。三宅はテレビのレギュラー番組を多数抱えながら、ＳＥＴと熱海五郎一座の二つを座長として牽引していく。

二〇〇〇年代に入ってからもテレビの世界は依然として、つくり込んだ笑いより素の面白さが求められていた。その状況に満たされない思いをもち、同じく舞台に活路を見出したのが、三宅より一歳年上の志村けんである。熱海五郎一座の旗揚げと同年、志村は自らの座長公演「志村魂」をスタートさせた。内容は二幕構成になっており、一幕で「バカ殿様」やコントを見せ、二幕に藤山寛美が演じた松竹新喜劇の作品を上演した。演出はラサール石井が担当している。志村が大阪の笑って泣ける人情喜劇を選んだことは意外だが、幅広い世代に向けた大衆的な笑いを目指すところは三宅と一緒だった。以後、志村魂は志村のライフワークになる。

熱海五郎一座はサンシャイン劇場の全十二回公演からスタートし、その後二〇〇八年の「伊東四朗一座～帰ってきた座長奮闘公演～」、二〇〇九年と二〇一一年の「伊東四朗一座・熱海五郎一座合同公演」を含めて年一回の公演を続けてきた。合同公演といっても、両一座のちがいは伊東の存在だけである。あえて「合同公演」を謳ったのは、それだけ熱海五郎一座が浸透してきた証しだろう。伊東の出演は伊東四朗一座から数えて八年目が最後となり、それ以降は三宅座長のもとで笑いのスタイルをつくっていった。

三宅「熱海五郎一座は第一線のメンバーが集まってるんで、それぞれに笑わせ方がある。なかには僕が嫌いな笑わせ方もあるわけですよ。最初はそれぞれにお任せして、それをつなぐ演出をしてました。

でも、やってるうちにちょっと許せないなっていうか、このままだと熱海五郎一座の笑いができないと思ったんですね。お客さんに選んでもらうためには、熱海五郎一座の笑いをつくらなきゃいけないし、それは演出してる三宅裕司の好きな笑いじゃなきゃいけないんじゃないかって。そこからは酒飲みながら話したりして、だんだん笑わせ方を統一していきました。それをやるのに十年くらいかかりましたね」

毎年、観客動員数を着実に増やしてきた熱海五郎一座が、ついに二〇一四年六月に新橋演舞場に進出した。新橋演舞場は一九二五年に開場し、歌舞伎や新派、新国劇、ミュージカルなど、幅広いジャンルの演劇を提供してきた大劇場だ。現在の客席数は約一四〇〇である。戦後において新橋演舞場を支えた柱の一つが松竹新喜劇であり、長らく毎年夏に上演していた。三宅が学生時代に祖母と見た舞台がそれである。三宅は初進出を振り返って、「東京の笑いを新橋演舞場に持ってこられて、しかもそれが自分だったことにすごく感動しましたね」と語る。

初回は「熱海五郎一座 新橋演舞場進出記念公演」と銘打ち、『天然女房のスパイ大作戦』を上演した。新たに深沢邦之《ふかさわくにゆき》が加わって座員は七名となり、ゲストに沢口靖子と朝海《あさみ》ひかるを迎えて臨んだ一ヶ月公演は過去最高の約五万人を動員し、大成功で幕を下ろした。そして、三年目の二〇一六年からは「新橋演舞場シリーズ」として毎年六月の恒例になる。晴れて東京喜劇が新橋演舞場に根を下ろしたのである。なお、同じく二〇一四年に志村魂が明治座に進出し、東京では年一回の明治座公演が恒例になった。

熱海五郎一座は本多劇場から新橋演舞場まで様々な劇場で上演してきた。三宅は劇場の形や大きさによって笑いが変化すると語る。

三宅「たとえば紀伊國屋ホールみたいな縦長の劇場だと、舞台に近いお客さんと遠いお客さんの差が大きいわけですよ。そうすると、セリフを言ったときに近い人がすぐに笑いはじめて、客席の後ろまで笑いがダァーッと長く続く。その笑いが終わってから次のセリフを言うんで、そういうテンポの芝居になります。それが本多劇場のように正方形に近い劇場だと、お客さんとの距離が近いから笑いが一つなんですね。ドッとウケて次にいけるから、テンポのいい芝居ができる。要するに、劇場の形と笑いのテンポが関係しているわけです。

新橋演舞場は横に広がってて、意外と後ろの人との差が小さいんですよ。なので、大劇場にしては笑いが一つになる。だから、テンポのいい笑いの芝居をつくることができますね」

新橋演舞場への進出は、毎年欠かさずに足を運んでいる伊東にとっても感慨深いことだった。

「雨のなかを傘さしたお客さんが新橋演舞場に並んでるところを見ると、胸がいっぱいになりましたね。観光バスがいっぱい停まってて、〝えー！　こんなにお客さんを呼べるの⁉すごいなあ〟って。もう自分のことのようにうれしかったですよ。

私は全部、見に行ってます。コロナのときはほかの芝居に行くのを遠慮したんですが、熱海五郎一座だけは見に行きましたから」

熱海五郎一座では毎回、華やかな女優をゲストとして迎えており、過去には浅野ゆう子や、大地真央、小林幸子らが参加している。だが、三宅には一つ心残りがあるという。

三宅「志村さんが熱海五郎一座をしょっちゅう見に来てたんですよ。ほかでお会いすると、〝この前、見ましたよ〟と言われて、僕も〝志村魂はいつまでやるんですか〟って、なんかお互いに牽制し合って（笑）。僕のなかでは、いつか志村さんをゲストに呼びたいと思ってました。志村さんをツッコんでみたかったですし、志村さんを活かす作品をつくるのは楽しかっただろうなって。残念でしたね」

実現すれば、日本の喜劇史において特筆すべき舞台が生まれていたかもしれない。

社長放浪記

日本の現代演劇史は、一九六〇年代に台頭した小劇場演劇を中心に記述されてきた。小劇場演劇は既存の新劇を批判した、実験的で前衛的な演劇運動である。そのため、同時代の東宝系喜劇などはあってなきがごとしで、演劇史のなかに登場しない。一九七〇年代のつかこうへいブーム以降、笑いが前景化してきたが、あくまで実験精神から生まれた笑いであり、それ以前の軽演劇とはつながりがない。

では、東京ヴォードヴィルショー（一九七三年〜）、劇団スーパー・エキセントリック・シアター（一九七九年〜）、東京サンシャインボーイズ（一九八三年〜一九九四年活動休止）の三劇団はどうか。彼らは喜劇を志しながら、実験演劇から距離をとっており、大衆的な笑いを目指してきた。それゆえ現代演劇史ではなく、日本喜劇史にこそ重要な位置を占める劇団だろう。また、東京喜劇の系譜を直接的に引いているわけではないが、三劇団の主宰者である佐藤B作と三宅裕司と三谷幸喜はみな、伊東四朗を尊敬し、伊東と重要な仕事をしてきた。結果的に伊東の存在が、エノケン・ロッパ以来の東京喜劇と彼らを架橋しているといえるのではないか。

二〇〇七年六月、その三人が古希を迎えた伊東のもとに集結する。「伊東四朗生誕?! 七十周年記念」として本多劇場で上演された『社長放浪記』は、三谷が書き下ろした新作で、三宅が演出を担当し、主演の伊東の脇を佐藤と三宅が固めた。きっかけは三年前の二〇〇四年に遡る。日本喜劇人協会が第一回喜劇人大賞を主催し、三谷が大賞を、佐藤と三宅が特別賞を受賞した。その授与式に伊東が副会長として参加しており、四人が一堂に会したところから舞台の企画が立ち上がっていったのである。

出演者は伊東にゆかりのあるメンバーばかりで、『お笑いオンステージ』以来の共演となる中村メイコ、東京ヴォードヴィルショーの山口良一、伊東四朗一座の東貴博、河本《かわもと》千明、伊東の次男の伊東孝明、初共演はこれが初舞台になる藤澤恵麻《えま》だけだった。

『社長放浪記』は森繁の「社長シリーズ」を彷彿とさせるタイトルで、もちろん伊東が社長役だ。社長はピーナッツ売りの少女に接するとき、つけヒゲをつけて害虫駆除の作業員になりすますのだが、周囲の人間が社長の「そっくりさん」だと勘違いし、騒動が巻き起こっていく。一幕物で場面転換のない芝居で、思想もなければ主張もない、伊東が理想とするようなただただ笑える喜劇だった。

「つけヒゲ一つで別人になるってのは普通、乱暴でしょう。〝こんなありえない話だと、お客さんがついてこないんじゃない？〟と三谷さんに言ったんだけど、とんでもない。お客さんはこれに乗っかった方が面白いって本能的に感じたのか、見事に乗ってくれました。客席が沸きましたね。私が今までで一番ウケた芝居だと思います。

三宅さんがうまーい演出をしましたね。ニュートラルな部分をいっぱいつくってくれて、きっちり決めこまなかった。役者一人一人に考えさせるような、そんな演出でした。おかげで毎日、ワーッとウケてるんだけど、お客さんから〝こんなもんじゃないぞ、もっと面白くなるよ〟って声が聞こえてくるようで。家に帰ってから反芻して考えて、次の日に直したら、大概ぴたりと当たってましたね。喜劇はいつもお客さんが教えてくれるんですよ」

同じく喜劇にこだわりながらも、三宅はこれまで三谷や佐藤との接点が少なかった。三谷作品は一九九四年にラジオドラマ『笑《わらい》の大学』に一度出演しただけである。佐藤にいたっては、ＳＥＴの結成前から東京ヴォードヴィルショーの芝居を見ていたが、共演するのは初めてだった。

三宅「三谷さんの本は、遅いだけのことがある面白い本でしたね。みんながつけヒゲだけで違う人間だと思ってしまう、いわば芝居の約束事で笑わせるという着眼点がすごいなと思いました。お客さんも一緒に参加しないとこの喜劇は成り立たないですよって最初に提示しちゃうんですよ。お客さんがそれに乗ってしまえば、あとはヒゲを変えるだけですから、テンポのいい芝居がどんどん進んでいく。そこが三谷幸喜さんの本のすごさですね。

大変だったのはヒゲの香盤表《こうばんひょう》（場面ごとの出番の一覧表）をつくったこと（笑）。この場はつける、この場はつけないっていうのを把握して。そこまでやっちゃえば本は面白いし、出演者も笑いが分かっている人たちなので、もう自然に流れていく。

それともう一つ、B作さんをツッコみたかったんですよ。僕は東京ヴォードヴィルショーに入ろうか悩んだくらいで、やめた理由はB作さんが福島の人だったから（笑）。でも、SETをつくった大本にはB作さんの存在があるんです。三谷さんの芝居はアドリブがほとんどないですけど、軽演劇的なアドリブの要素を入れたくて、B作さんをツッコみました。そしたら、三谷さんが本番中に舞台の袖に来て、〝もっとB作さんをツッコみましょうよ〟って言ってくれて。あそこは楽しくやらせてもらいましたね」

三宅はSETや熱海五郎一座と異なるタイプの三谷作品を尊重しながら、自分たちがやってきた笑いの演出も取り入れている。一方、三谷にとっても『社長放浪記』はいつもと趣の違う作品になったという。

三谷「そもそも伊東さんを祝うためにみんなが集まるわけですから、僕は役者ありきの芝居のつもりで書いたんですよ。『その場しのぎの男たち』とか『アパッチ砦の攻防』では、伊東さんよりも伊東さんの演じてる役が前面に出るんだけど、これに関しては役を演じてる伊東さんがまず前面に出る。そこにB作さんがいたり、中村メイコさんがいらっしゃったりで、それってちょっと歌舞伎に近いんです。歌舞伎は役よりも役者を見るところがありますから。僕は役者を見る芝居のつもりで書きました。

それってなかなかうまく伝わりにくいものだし、僕はそんな話をした覚えはないんだけど、三宅さんはそれをきちんと理解してくださった。僕は舞台上のアドリブは面白ければいいんだけど、普段は極力やめてもらっている。作者の計算が崩れてしまうから。でも、これはもう自由にやってほしかった。なぜかというと、三宅さんのやってらっしゃる舞台に出てる伊東さんが、やっぱり生き生きしてて面白いんですよ。その面白さと、僕の芝居できっちり役を演じられる伊東さんのちょうど中間みたいなものが見たいなと。僕の意図を汲んでくださった三宅さんには、すごく感謝しています」

『社長放浪記』は伊東を結節点として、日本の喜劇史に重要な三劇団が交差したという意味でも記念碑的な作品になった。

八十歳の新作コント

日本の喜劇人は大成するとシリアスな芝居をしたがると言われてきた。だが、伊東はどれほどキャリアを重ねても、機会さえあれば躊躇《ため》らうことなくコントや喜劇を演じている。ＣＭにおいても、七十代で「タフマン」のかぶり物をつけて出演した際、コラムニストの天野祐吉が次のように評した。

トシをとると、急にモットモらしい顔になって、マコトシヤカなことを言い出す老人がいる。いやだねえ、ああいうの。…（中略）…伊東四朗さんのタフマン（ヤクルト）が8年ぶりにテレビに帰ってきたのも、そういう意味で歓迎だ。74歳にもなって、あんなふざけた衣装でバカをやれるのは、実に見上げた根性である。（『朝日新聞』二〇一一年六月二十二日）

これまで活躍してきた多くの喜劇人のなかで、最も真面目で常識人の伊東が、いつまでも笑いのために全力を尽くしている。それは確固たる信念がなければできないことだろう。

伊東はたとえ親子ほど年が離れた共演相手でも手を抜かない。二〇〇〇年十月からの半年間、伊東が六十三歳のときにＶ６のコント番組『お笑いＶ６病棟！』（木曜夜十一時～十一時三十分）にレギュラー出演した。当時のＶ６は結成から六年目を迎え、最年少の岡田准一は放送開始時にまだ十九歳である。伊東は病院の院長役としてＶ６と数々のショートコントを演じたのだが、浦島太郎のコントでカメの着ぐるみを着たり、「アーラみなさん、オゲンコ？」と言いながら登場する怪しい振り付けの先生「ジャネット伊東」のキャラクターに扮したりと、八面六臂の活躍だった。また、小松政夫がゲスト出演した回では、テレビで久しぶりに二人のコントが披露された。

Ｖ６とのからみで伊東はいっさい偉そうな振る舞いをしない。コントのなかではメンバーから思いきり叩かれ、トークコーナーでも彼らの話に積極的に耳を傾けている。一視聴者からは、両者が対等な関係を築いているように見えた。伊東にやりにくくなかったかと聞くと、「全く違和感がなかった」という。

「コントのときはメイクして扮装をしてしまうと、自分がパッと変われますからね。相手が若かろうが年だろうが、関係ありません。Ｖ６のメンバーはセリフをきちんと覚えてきて、コントにちゃんと取り組んでましたよ。普通はちょっと悪ふざけしちゃうんですけど、そんなことはなかったですね。

三宅健くんとは『伊東家の食卓』でも一緒でしたから、よく話しました。話すといっても相手の話を聞くだけで、知らない言葉があれば教えてもらいます。若い人の感覚が今の世の中だと思いますからね。話を聞いたり、その雰囲気のなかにいるだけで、いろいろ吸収できるんですよ」

若い世代ではダウンタウンとの共演も多い。私の記憶に強く残っているのは、初期の『ダウンタウンDX』で三人だけのトークのとき、伊東が「笑いが一番難しいんだよ」と言っていたことだ。二〇〇五年からは長らく、浜田雅功と『芸能人格付けチェック！』の司会を務めてきた。

「浜ちゃんがこっちを好いてくれたんで、よかったですね。最初に会ったのは、日本テレビの生番組『所さんのまっかなテレビ』にダウンタウンがゲストで来たときかな。まだ売れる前から付き合ってたような気がします。それからはこっちも何かあるときに声かけたり、あちらも声かけてくれたりして。映画の『明日があるさ』も一緒に撮りましたね」

喜劇やテレビの歴史を知る生き証人として、今の笑いについて聞かれることも多いが、伊東はけっして今を否定しない。それは長年の経験から、笑いの難しさを知っているからである。

「笑いはドキュメントですから。昔の喜劇映画を見ても、違和感をもつことがよくあります。喜劇はそのときに見ないと面白くない。やはり今じゃないからでしょうね。笑いは最も時代を反映してるもので、時代とともに変わっていくんです。だから、今の笑いに対して〝あんなの間違ってるよ〟とは言えません。

喜劇人はいつも現代を身にまとってなければいけないと思います。〝昔はよかった〟という感覚ではダメでしょうね。見てる人が現代に生きてるわけですから」

七十代になってからも、伊東は舞台で喜劇の新作に出演し続けてきた。七十三歳のときに飲み仲間の角野卓造、佐藤B作、松金《まつかね》よね子、あめくみちこが集まった「西荻《にしおぎ》の会」で『ロング・ロスト・フレンド』を上演し、七十七歳のときに「伊東四朗生誕?! 77周年記念」として三谷幸喜脚本の『吉良ですが、なにか?』で喜劇の吉良上野介を演じている。そして、八十歳を迎え、三宅裕司と通算四回目のコントライブの舞台に立った。

伊東は三宅から電話で「芝居がいいですか? コントがいいですか?」と聞かれ、思わずコントと答えてしまったのだという。だから、「伊東四朗 魔がさした記念コントライブ」と銘打った。タイトルは『死ぬか生きるか!』、結果次第でこれまでに築き上げてきたキャリアが壊れてしまうかもしれないという意味が込められている。

コントは「法廷の攻防」「今夜の獲物」「歌声レストラン」「爆発寸前」「歌舞伎かぶれ」の五本で、定番の「歌になっちゃうコント」もあれば、全くの新作もある。どれも涙や感動に走ることなく、笑いだけの真っ向勝負だ。

三宅「どうすれば面白い設定になるかを考えて、一つが年老いた誰々という設定ですね。『爆発寸前』は時限爆弾が仕掛けられてて、ヤクザの親分の僕が縛られてる。そこに来た爆弾処理班が年寄りだったというコント。年寄りのテンポをちょっとオーバーにして、僕が〝早くしてくれよ!って（笑）。

でも、『歌になっちゃうコント』はそういうわけにはいかないですよね。〟これはテンポが遅いと面白くないんだよなあ〟と思ってたんですけど、そのコントになると、伊東さんの間が早いんです。本番では全くいいテンポの間になりましたから、すごいなと思いましたよ。若いころのテンポよりは遅いんですけど、ギリギリ大丈夫なところを保ってましたね」

八十歳を過ぎて舞台に立つ役者はほかにもいるが、八十歳で新作コントを演じるというのは前代未聞ではないか。本来なら、これだけでも伝説に値する。だが、伊東の挑戦はまだまだ終わらなかった。

小松政夫との別れ

二〇一七年九月から八回にわたって、植木等と小松政夫の師弟関係を描いたNHK土曜ドラマ『植木等とのぼせもん』が放送された。原案者の小松が語りを務め、山本耕史《こうじ》が植木、志尊淳《しそんじゅん》が小松、伊東が植木の父の徹誠《てつじょう》を演じた。徹誠は浄土真宗の住職でありながら戦前に社会主義者として労働運動や部落解放運動に取り組んだ過去をもち、息子が『スーダラ節』を歌うことに迷っていると、「わかっちゃいるけどやめられない」は親鸞の教えに通じると語った人物だ。伊東は二〇〇六年に放送されたフジテレビのスペシャルドラマ『ザ・ヒットパレード～芸能界を変えた男・渡辺晋物語～』でも徹誠役を演じており、今回が二度目だった。

その第七回、小松が淀川長治のものまねで語りを行っているところに、徹誠に扮した伊東が何も言わずに現れた。ファンにとって待望のツーショットである。唐突に音楽が流れ出し、小松が歌い伊東が踊る「電線音頭」がはじまったが、途中で「およびでない？　およびでないね。こりゃまた失礼いたしました！」と言って終わる。視聴者が見たがるものを一瞬だけ見せる粋な演出だった。

小松は原案者の立場だったが、内容を脚本家に任せていたため、撮影現場にはなるべく行かなかったという。小松の語りはいつもその日の撮影の最後に収録された。そして収録最終日を迎える。小松はその日の出来事を自著のなかでユーモラスに記している。


私の最後の撮りの日の時、壁に貼ってあるスケジュール表を見ていると、突然背中を両手でバン！　と叩く人がいる。ギョッとして振り向くと、目と口を大きく開けて「ニンッ」といったその顔は、

「伊東ターン！」

二人で踊りましたばい。

「キャッホランラン、キャッホランラン！」

久しぶりにほんなごと嬉しかった。

「なぜ今日は？」

「小松っちゃんに敬意を表してでしょうに！　俺が知っている芸能人で一番古い友達じゃないかいな、小松っちゃんは」（『みーんなほんなごと！』）

伊東と小松がコンビでテレビバラエティを席捲したのは、一九七〇年代のわずかな期間だけである。その後、二人のレギュラー番組はない。だが、そのときの光景があまりにも鮮烈だったからか、世間はいつまでも忘れなかった。二人がドラマやバラエティ番組で共演するといつも沸いた。

一九八〇年代以降の小松は、映画やテレビドラマの脇役として活躍しながら、喜劇役者として舞台に立ち続けた。二〇一一年からは日本喜劇人協会の第十代会長を務めている。伊東と同じく、喜劇への思いは人一倍強かった。

二〇一九年五月九日、伊東と小松は二人で『徹子の部屋』に出演している。小松が黒柳に振られるままに、電線音頭の口上、しらけ鳥音頭、淀川長治のものまねを披露した。伊東はそのときを思い出して、「全部やっちゃうのがすごいなって。私に振られなくてよかったです」と笑う。黒柳も長く舞台で喜劇を演じており、番組の最後は三人で「喜劇ほど素敵なものはない」と話して終わった。

二〇二〇年、伊東のトークライブ『あたシ・シストリー』が企画された。毎回ゲストを招き、伊東の喜劇人としての歩みをひもとく趣向で、五月には小松が出演予定だった。だが、コロナ禍により中止になる。

訃報は突然、訪れた。二〇二〇年十二月七日、小松が都内の病院で亡くなった。七十八歳だった。前年十一月に肝細胞ガンが見つかり、治療しながら仕事を続けていた。伊東は仕事の打ち合わせの後、訃報を聞き、立ったまましばらく茫然自失する。それは三波伸介の死を聞かされて以来のことだった。

「病気のことは知りませんでした。全くおくびにも出しませんでしたね。

彼と会ってなければ、私の方向性もずいぶん変わってたんじゃないかなと思います。一緒にいたときは、そんなことを感じずにやってましたけどね。きっと何かの接着剤みたいなものがあったんでしょう。偶然というか、まあ、必然的だったのかもしれませんね」

訃報が公表された翌日のラジオ『伊東四朗 吉田照美 親父・熱愛』は、偶然にもゲストが元キャンディーズの伊藤蘭だった。伊藤が前年六月に四十一年ぶりに歌手としてソロコンサートを開いたとき、小松が真っ白なスーツで見に来てくれたという。伊東と小松とキャンディーズは、年が離れていても、同じ時代を駆け抜けた戦友同士だった。

小松の在りし日を偲びながら、最後に伊藤の新曲を紹介するとき、伊東は天国に向かって呼びかけた。

「おーい小松、聞いてるかー」

コロナ禍により葬儀は近親者のみで行われたが、その一言は伊東による小松への弔辞ではなかったか。

最後の喜劇人と呼ばれて

伊東のことを「最後の喜劇人」と呼んだのは小林信彦である。私が調べたかぎりでは、初出は一九九五年四月十四日の『中日新聞』夕刊のコラムで、そのとき伊東は五十七歳だった。それから三十年の間に、数々の三谷喜劇に出演し、三宅裕司とコントライブを開き、伊東四朗一座を旗揚げした。東京喜劇の孤塁を守りながら新しい笑いにも挑戦する、「最後の喜劇人」に相応しい奮闘ぶりだ。

「本当は私じゃない人が最後の喜劇人であってほしいと思いますけどね。私より後の人は言われてないってことでしょ。だから、うれしいという感情にはなりませんよ。もうどんどんいなくなっちゃって、三波伸介もいないし、東八郎もいないし。それだけみんな苦労してるんでしょう。私は苦労してないから（笑）。

小林さんがどういう基準で言ったのか分かりませんけど、ちょっと寂しいですね。〝私で最後かい〟って。舞台をやってた人という意味なのかなあ。やっぱりテレビじゃないんでしょうね。劇場の笑いがどれほどすごいもんかは、やってみると本当によく分かります。毎日ちがう笑いがあることの怖さと楽しさ。千秋楽を迎えると、何とも言えない寂しさを必ず味わいますから。なかなかテレビではつくりにくいでしょう。お客さんがいないと成り立ちませんからね」

二〇二四年六月、伊東は熱海五郎一座に出演する。一座の舞台は二〇一一年の「伊東四朗一座・熱海五郎一座 合同公演」以来、十三年ぶりだ。今回は座長としての合同公演ではなく、ゲスト出演である。伊東四朗一座の旗揚げから二十年、熱海五郎一座の新橋演舞場シリーズ第十回記念公演を迎えるにあたり、三宅が伊東にオファーした。

三宅「ここ三年はコロナの制約があって、制作は本当に大変だったと思います。それを乗り越えて来年は十周年ですから、やっぱり伊東さんしかいないなって。伊東さんからは〝頑張る。でも動けないよ〟って、それだけでした。八十六歳のテンポ感をどう面白くストーリーにはめ込むかを考えてます。あの広い新橋演舞場で伊東さんにどう動いてもらうか、心配なこともありますけど楽しみですよ」

長く芸能生活を過ごしてきた伊東だが、新橋演舞場に出演したことはない。振り返ってみると、まだ四歳のとき、父に連れられて十五代目市村羽左衛門を見たのが新橋演舞場だった。それから八十年の時が流れ、伊東は初めてその舞台に立つ。

「体力的に大丈夫かなって思ってますけど、こういうことはあまり公言するもんじゃないんですよ。やるとなったら自信満々なところを見せないといけないのに。こんなこと言ってる自分が嫌になる（笑）」

見る側にとって、芸人やコメディアンはいつまでも年をとらない存在だ。若いころのイメージのままだと勝手に思い込んでいる。伊東にそのことを聞くと、「そんことないよ！　みなさんと一緒だよ！　って言いたいですよ」と笑いながら答えてくれた。

ストリップ劇場からの帰り道、石井均に「おい、寄ってけ」と声をかけられてから六十五年である。「一度、やってみるか？」と言われたとき、この世界にこんなに長くいるとは想像だにしなかった。脇役として生きるつもりが、喜劇の一座の座長まで務め、「最後の喜劇人」と呼ばれるまでになった。本人が意図したものではないが、伊東は東京喜劇の昔と今をつなぐ、かけがえのない存在である。

これからの東京喜劇がどうなるのか、伊東が「最後の喜劇人」になるのか、それは次の世代に託されている。

三宅「伊東さんから一番多くのことを学ばせてもらって、ほかにも森繁さんやクレイジーキャッツをはじめ、いろんな人から吸収してきました。今はもう自分を信じてやるしかないですね。萩本欽一さんから〝もうみんな死んじゃってるから、三宅ちゃんが東京喜劇だと思うことをやればいいから〟と言われて、それが支えになってます。

コロナで〝劇場に行かなくても生きていける〟と思った人が、〝やっぱり劇場に行ってあの笑いを体感しないと人生つまらないな〟ってなるまでやらないといけないと思ってます。コロナで溜まってたものが、これから大爆発する時代が来るんじゃないですか」

三谷「僕が今六十二歳になって、言い方は変ですけど、この先どんな大人になっていけばいいかを考えたとき、一番の目標は伊東さんなんです。伊東さんのような人になりたい。伊東さんのあの知性だとか、人間性だとか、洒脱なところとか、照れ屋さんのところとか。

伊東さんに本を書いたときの初めての稽古は、気に入ってくださるだろうかって毎回ドキドキします。伊東さんが気に入ったときは〝よろしいんじゃないですか〟とおっしゃるんです。その言葉を聞いてホッとするんだけど、おっしゃらないときもある。僕のなかで納得いかなかったものは、伊東さんも同じようにお考えになるんだと思います。

でも、伊東さんが今までの作品を振り返るときに、〝あの作品はダメだったね〟とか〝つまんなかったね〟とは一回もおっしゃらない。触れないのはありますよ。いいときはすごく褒めてくださるし、マイナスの発言をけっしてなさらない。それって素晴らしいなって。だから、僕が人の芝居を見に行ったときも伊東さんになりきって、感想を聞かれても絶対にマイナスのことを言わないようにしてます。ダメなときは触れないに限る（笑）。そんなところでも、伊東さんの粋さをすごく学ばせていただいてます」

佐藤「これから僕は伊東さんを尊敬して喜劇をつくっていこうと思います。稽古場や本番中の楽屋でずいぶん貴重な時間をご一緒させていただいて、本当にめっちゃ勉強になりましたから。知らず知らずのうちに叩き込まれてますよ。

喜劇をつくるためには、毎日をちゃんと生きなきゃいけない。ニュースにもよく目を通して、普通に生きてる庶民と同じような感情で生きてなきゃいけないという気がしますね。笑いをやるやつは金持ちになっちゃダメだって。まあ、運よく金持ちになってないんで、本当に助かってます（笑）」

伊東は過去のインタビューで、自らの肩書はカッコ付きで「喜劇役者（でありたい）」だと語っていた。まだ喜劇役者にはなりきれてないとの思いからだ。今もなお、（でありたい）のままなのだろうか。

「そういう気持ちがあった方がいいんじゃないですか。前進する気持ちがあって。〝もうなっちゃいました〟と言ったら進歩がないですから」

あとがき

私は東京喜劇の華やかな時代にも、てんぷくトリオにも、ベンジャミン伊東にも間に合いませんでした。伊東四朗さんは、そんな若輩者の私が自由に書くことを許してくださいました。執筆中はプレッシャーを感じながらも、とても楽しかったです。インタビューをしながら、ふとわれにかえって「自分は今、伊東さんと対面で話している」と思うと、身体が震えました。伊東さんにインタビューした時間のことは、人生の節目節目で思い出すでしょう。

佐藤B作さん、三宅裕司さん、三谷幸喜さんには大変貴重なお話を伺いました。お三方からは伊東さんへの敬愛の念をひしひしと感じるとともに、演劇に関する深いお話をたくさん聞かせていただきました。また、オルテ企画の小竹隆仁さんには貴重な資料やＤＶＤをご提供いただき、大変参考になりました。厚く御礼申し上げます。

本書の企画は二〇二二年の年末に文藝春秋の大松芳男さんにメールでご相談したところ、すぐにご快諾いただきました。最初の担当編集の熊谷未希さんには企画の立ち上げから取材までをエネルギッシュに進めていただき、途中から担当編集を引き継いだ目崎敬三さんには後半の取材から執筆までを力強くサポートいただきました。また、企画段階からアドバイスをしてくれた谷村友也さん、執筆中に励ましてくれた山中美知さんにも感謝いたします。

最後にもう一言。まだまだこれからも喜劇役者伊東四朗さんを舞台やテレビで拝見できることを幸せに思っています。

二〇二四年三月

参考文献

本書の執筆にあたって、多くの文献を参照した。ここではほんの一部ではあるが、特に参考になったものを列記する

井﨑博之『エノケンと呼ばれた男』講談社文庫、一九九三年／伊東四朗『俺の三波伸介』中央アート出版、一九八三年／伊東四朗『この顔でよかった！』集英社 be 文庫、二〇〇三年／井上ひさし・こまつ座編著『浅草フランス座の時間』文春ネスコ、二〇〇一年／井上ひさし『笑劇全集 完全版』河出書房新社、二〇一四年／井原高忠『元祖テレビ屋大奮戦！』文藝春秋、一九八三年／春日太一『大河ドラマの黄金時代』NHK 出版新書、二〇二一年／加藤義彦『「時間ですよ」を作った男——久世光彦のドラマ世界』双葉社、二〇〇七年／神山彰編『商業演劇の光芒』森話社、二〇一四年／「考える人」編集部『伊丹十三の映画』新潮社、二〇〇七年／菊田一夫『菊田一夫「芝居つくり四十年」』日本図書センター、一九九九年／小林信彦『われわれはなぜ映画館にいるのか』晶文社、一九七五年／小林信彦『1960 年代日記』ちくま文庫、一九九〇年／小林信彦『決定版 日本の喜劇人』新潮社、二〇二一年／小林のり一著、戸田学編『何はなくとも三木のり平——父の背中越しに見た戦後東京喜劇』青土社、二〇二〇年／小松政夫『目立たず隠れずそおーっとやって 20 年』婦人生活社、一九八五年／小松政夫『昭和と師弟愛——植木等と歩いた 43 年』KADOKAWA、二〇一七年／西条昇『笑伝・三波伸介——びっくりしたなあ、もう』風塵社、一九九九年／澤田隆治『決定版 私説コメディアン史』ちくま文庫、二〇〇三年／澤登和子『パパ、幸せをたくさんたくさん、ありがとう』二見書房、一九八三年／扇田昭彦『日本の現代演劇』岩波新書、一九九五年／高田文夫『だから私は笑わせる』にちぶん文庫、一九九三年／高田文夫・笑芸人編集部編著『完璧版 テレビバラエティ大笑辞典』白夜書房、二〇〇三年／高平哲郎『由利徹が行く〈増補新版〉』白水社、一九九六年／谷川建司『戦後「忠臣蔵」映画の全貌』集英社、二〇一三年／田村隆『「ゲバゲバ」「みごろ！たべごろ！」「全員集合」——ぼくの書いた笑テレビ』双葉社、二〇〇二年／塚田茂『どんどんクジラの笑劇人生』河出書房新社、一九九一年／戸井十月『植木等伝「わかっちゃいるけど、やめられない！」』小学館文庫、二〇一〇年／橋本与志夫『日劇レビュー史——日劇ダンシングチーム栄光の 50 年』三一書房、一九九七年／原健太郎『東京喜劇——〈アチャラカ〉の歴史』NTT 出版、一九九四年／堀切直人『渥美清——浅草・話芸・寅さん』晶文社、二〇〇七年／三木のり平著、小田豊二聞き書き『のり平のパーッといきましょう』小学館文庫、二〇〇二年／三谷幸喜『仕事、三谷幸喜の』角川文庫、二〇〇一年／三谷幸喜・松野大介『三谷幸喜 創作を語る』講談社、二〇一三年／三宅裕司『いまのボクがこうなわけ』講談社、二〇〇三年／向井爽也『にっぽん民衆演劇史』日本放送出版協会、一九七七年／森繁久彌『全著作〈森繁久彌コレクション〉』全五巻、藤原書店、二〇一九年～二〇二〇年／森田嘉彦『八波むと志と東京喜劇』朝日新聞出版、二〇二二年／矢野誠一『酒と博奕と喝采の日日』文春文庫、一九九七年／矢野誠一『エノケン・ロッパの時代』岩波新書、二〇〇一年／山下武『大正テレビ寄席の芸人たち』東京堂出版、二〇〇一年／和田誠『ビギン・ザ・ビギン——日本ショウビジネス楽屋口』文春文庫、一九八六年／NHK「こころの遺伝子」制作班編『三宅裕司の「あなたがいたから」』主婦と生活社、二〇一一年／「東京コント王道伝承 伊東四朗から三宅裕司へ」『笑芸人』VOL.3、白夜書房、二〇〇〇年秋号／『モーレツ！アナーキーテレビ伝説』洋泉社、二〇一四年

笹山敬輔（ささやま　けいすけ）

1979年富山県生まれ。演劇研究者。筑波大学大学院博士課程人文社会科学研究科文芸・言語専攻修了。博士（文学）。著書に『昭和芸人七人の最期』（文春文庫）、『演技術の日本近代』（森話社）、『幻の近代アイドル史　明治・大正・昭和の大衆芸能盛衰記』（彩流社）、『興行師列伝　愛と裏切りの近代芸能史』（新潮新書）、『ドリフターズとその時代』（文春新書）。

笑《わら》いの正《せい》解《かい》
東《とう》京《きょう》喜《き》劇《げき》と伊《い》東《とう》四《し》朗《ろう》

二〇二四年五月一〇日　第一刷発行

著者　笹山敬輔《ささやまけいすけ》
発行者　大松芳男
発行所　株式会社　文藝春秋
〒一〇二-八〇〇八
東京都千代田区紀尾井町三-二三
電話　〇三-三二六五-一二一一（代）

印刷所　大日本印刷
製本所　大口製本
DTP　明昌堂

ISBN 978-4-16-391843-3
Printed in Japan